VOL.20

EDITORA AFILIADA

CIP-Brasil. Catalogação-na-Publicação
Câmara Brasileira do Livro, SP

B977g
Burow, Olaf-Axel, 1951-
    Gestaltpedagogia : um caminho para a escola
e a educação / Olaf-Axel Burow, Karlheinz Scherpp ;
[tradução de Luiz Alfredo Lilienthal]. — São
Paulo : Summus, 1985.
            (Novas buscas em educação ; v.20

        Direção da coleção de Fanny Abramovich.

    Bibliografia.

            1. Educação — Métodos experimentais 2.
Gestalt-terapia 3. Pedagogia I. Scherpp, Karlheinz,
1952 - II. Título.

84-0032

17. e 18.	CDD-370.784
17. e 18.	-370
17.	-616.891
18.	CDD-616.8914

Índices para catálogo sistemático:

1. Gestalt : Psicoterapia : Medicina 616.891 (17.)
        616.8914 (18.)
2. Métodos experimentais : Educação 370.784
3. Pedagogia 370

GESTALTPEDAGOGIA
um caminho para a escola e a educação

olaf·axel burow
karlheinz scherpp

summus editorial

novas buscas em educação

Do original em língua alemã
Lernziel: Menschlichkeit
Gestaltpädagogik — eine Chance für Schule und Erziehung
© 1981 by Kösel-Verlag GmbH & Co., München

Tradução de:
Luiz Alfredo Lilienthal

Capa de:
Edith Derdyk

Direção da Coleção:
Fanny Abramovich

Proibida a reprodução total ou parcial
deste livro, por qualquer meio e sistema,
sem o prévio consentimento da Editora.

Direitos para a língua portuguesa
adquiridos por
SUMMUS EDITORIAL LTDA.
que se reserva a propriedade desta tradução.
Rua Itapicuru, 613 – cj. 72
05006-000 – São Paulo, SP
Tel.: (11) 3872-3322
Fax: (11) 3872-7476
http://www.summus.com.br
e-mail: summus@summus.com.br

Impresso no Brasil

NOVAS BUSCAS EM EDUCAÇÃO

Esta coleção está preocupada fundamentalmente com um aluno vivo, inquieto e participante; com um professor que não tema suas próprias dúvidas; e com uma escola aberta, viva, posta no mundo e ciente de que estamos chegando ao século XXI.

Neste sentido, é preciso repensar o processo educacional. É preciso preparar a pessoa para a vida e não para o mero acúmulo de informações.

A postura acadêmica do professor não está garantindo maior mobilidade à agilidade do aluno (tenha ele a idade que tiver). Assim, é preciso trabalhar o aluno como uma pessoa inteira, com sua afetividade, suas percepções, sua expressão, seus sentidos, sua crítica, sua criatividade...

Algo deve ser feito para que o aluno possa ampliar seus referenciais do mundo e trabalhar, simultaneamente, com todas as linguagens (escrita, sonora, dramática, cinematográfica, corporal, etc.).

A derrubada dos muros da escola poderá integrar a educação ao espaço vivificante do mundo e ajudará o aluno a construir sua própria visão do universo.

É fundamental que se questione mais sobre educação. Para isto, deve-se estar mais aberto, mais inquieto, mais vivo, mais poroso, mais ligado, refletindo sobre o nosso cotidiano pedagógico e se perguntando sobre o seu futuro.

É necessário nos instrumentarmos com os processos vividos pelos outros educadores como contraponto aos nossos, tomarmos contato com experiências mais antigas mas que permanecem inquietantes, pesquisarmos o que vem se propondo em termos de educação (dentro e fora da escola) no Brasil e no mundo.

A coleção *Novas Buscas em Educação* pretende ajudar a repensar velhos problemas ou novas dúvidas, que coloquem num outro prisma, preocupações irresolvidas de todos aqueles envolvidos em educação: pais, educadores, estudantes, comunicadores, psicólogos, fonoaudiólogos, assistentes sociais e, sobretudo, professores... Pretende servir a todos aqueles que saibam que o único compromisso do educador é com a dinâmica e que uma postura estática é a garantia do não-crescimento daquele a quem se propõe educar.

ÍNDICE

Apresentação da Edição Brasileira 9

Prefácio 13

Primeira parte: O que é gestalt-terapia?

1   Os fundadores da gestalt-terapia 19

1.1   Vida e obra de Fritz Perls 19

1.2   Vida e obra de Paul Goodman 21

2   Fontes científicas da gestalt-terapia 23

2.1   Gestaltpsicologia como fundamentação teórica da gestalt-terapia 23

2.2   A elaboração de Perls sobre a psicanálise 29

2.3   A contribuição de Wilhelm Reich: a ênfase da dimensão corporal 40

2.4   Existencialismo como fundamentação filosófica da gestalt-terapia 41

2.5   A delimitação da gestalt-terapia em relação ao behaviorismo 43

2.6   A psicologia humanística como superestrutura filosófico-política da gestalt-terapia 45

3   Conceitos da gestalt-terapia 57

3.1   A imagem de ser humano da gestalt-terapia 57

3.2   O conceito de doença da gestalt-terapia 70

4   Princípios e métodos gestálticos no processo terapêutico 76

4.1   Métodos gestálticos 77

4.2	Princípios gestálticos	81
4.3	Terapeuta e grupo no processo terapêutico	92
5	Observações críticas à teoria e à prática da gestaltterapia	97

Segunda parte: O que é gestaltpedagogia?

6	Da gestalt-terapia à gestaltpedagogia	103
7	Objetivos educacionais e valores da gestaltpedagogia	107
8	A crítica da gestaltpedagogia à realidade escolar	111
9	Princípios e métodos gestálticos na escola	119
9.1	A gestaltpedagogia exige um comportamento diferente por parte do professor	120
9.2	A gestaltpedagogia objetiva o desenvolvimento da personalidade dos alunos	122
9.3	Métodos e princípios gestálticos podem ser utilizados para alcançar tanto objetivos tradicionais, quanto novos	124
10	Descrição de uma experiência de ensino orientada gestaltpedagogicamente	127
10.1	O seminário preparatório	128
10.2	Os grupos de escola	128
10.3	Plenário semanal	129
10.4	Problemas que ficaram claros durante a experiência	130
10.5	Exposição exemplar de duas aulas	131
11	Possibilidades e limites de aplicação da gestaltpedagogia na escola pública	137
11.1	Experiências pessoais	137
11.2	Avaliação crítica	138
12	Prática da gestaltpedagogia na escola pública	143
12.1	Plano escalonado para um ensino orientado gestaltpedagicamente. Ou: Como devo começar?	143
12.2	Unidade de ensino exemplar	152
12.3	Bibliografia escolhida e comentada	181

Apresentação da Edição Brasileira

A profissão de professor primário, de professor-de-crianças é, como todos sabem, essencialmente desprestigiada entre nós. Na medida em que nesta sociedade torta as coisas se medem pelo dinheiro que rendem, os salários dos mestres dão a medida certa de quanto são valorizados. Por isso mesmo a infinita maioria deles é composta de mulheres, seres ainda sem prestígio enquanto trabalhadores, embora gozem de alto valor enquanto objetos de consumo. Daí não ser necessário que tenham muita informação. Fica mais fácil pagar menos. Mas não é só por isso que é importante que sejam insuficientemente formados. Os adultos, quando sabem muita coisa, têm mais chance de serem incômodos. Podem, por exemplo, começar a pensar. E questionar. Que nem crianças mal-educadas. Ora, se queremos criar adultos "bem comportados", dóceis, manipuláveis, temos que ter uma escola que cumpra sua obrigação de organizá-los sem muita crítica, fornecendo o mínimo de informações necessárias. Poder-se-ia perguntar: mas então não seria melhor abolir as escolas e deixá-los analfabetos? Apenas a televisão não seria suficiente para cumprir a tarefa de domesticá-los? Não. A televisão é muito eficiente, mas é necessário amarrá-los ainda mais. É importante que consumam. Assim ficam presos "pelo rabo" e o desejo-dívida os alienará de forma muito mais completa. Para isso é necessário ler um pouco. O suficiente para não entender nada, mas ter necessidades despertadas. Se fornecermos um certo verniz, então, participarão mais decisivamente da corrida ao lazer, por exemplo. Por mais quimérico que seja esse lazer. E viva o Brasil.

Naturalmente o conjunto todo é mais complexo, mas não é à-toa que a escola pública no Brasil, em termos de concepção pedagógica, deu nos últimos vinte anos essa notável marcha à ré. Por exemplo: desapareceram as escolas experimentais, vocacionais, etc. Razão: criavam pessoas perigosamente perguntadoras. Foram substituídas pelas escolas linha de montagem.

Mas o resto desta discussão não cabe aqui. Afinal, estamos escrevendo para fazer a apresentação deste livro. Que tem a Gestalt-pedagogia que ver com isso? Pode fornecer conceitos e instrumentos extremamente enriquecedores para o professor. Como diz a Fanny Abramovich, ele é em geral carente e a possibilidade de lhe fornecer informações adequadas de qualquer campo é sempre bem-vinda.

Pode parecer estranho que de uma linha de pensamento originalmente psicoterápica se tirem idéias aplicáveis à pedagogia. Sempre pensamos a psicoterapia como muito próxima da pedagogia em muitos aspectos. Talvez o mais significativo fosse o fato de que ela procura auxiliar o paciente a desenvolver um autoconhecimento a partir de si mesmo, recombinando o que já conhece e pesquisando sua verdade com suas próprias forças, chegando a novas sínteses essencialmente pessoais. Assim o novo não é fornecido, é desenvolvido conjuntamente. Não é por aí o caminho da pedagogia?

Como é que a Gestaltpsicologia e sua filha Gestalt-terapia vêem o homem? O homem é alguém intimamente ligado ao seu mundo; não se pode imaginar qualquer ser destacado de seu contexto; dessa forma, as experiências que podem ser vividas têm sentido sempre dentro da relação entre o homem e seu mundo. Assim, uma grande ênfase se dá no contato, isto é, na relação. Aí estamos seguindo a Therese Tellegen, talvez a cabeça mais lúcida do movimento da Gestalt entre nós. (Ela tem um trabalho publicado em um livro desta editora: *As Psicoterapias Hoje,* e mais recentemente publicou outro livro, só dela, também pela Summus: *Gestalt e Grupos*). O contato é uma ocorrência de "fronteira", isto é, se realiza no ponto que é a um tempo o lugar onde eu me encontro, me junto e onde me separo, me distingo, de minha relação com qualquer pessoa. Se nessa fronteira se puder evitar confusões, estará aberta a possibilidade de crescimento e de modificação da própria relação que levou a esse contato. Vejamos sua concepção:

o homem, ser no mundo,
sujeito de sua existência
em busca de sua verdade
criativamente transformando seu mundo
e sendo transformado por ele.
(. . .)

A Gestalt trabalha, como se vê neste livro, muito com a idéia de figura e fundo, salientando que a figura sozinha tem um significado diferente de seu conjunto com o fundo. Assim, se o homem (e o aluno) existem com sentido apenas enquanto vistos em relação ao fundo, isto é, em relação ao meio, um trabalho pedagógico só tem sentido dentro de uma preocupação que junte ao crescimento pessoal uma visão de mundo mais ampla, isto é, que ultrapasse o pequeno individualismo habitual. E que esteja apta a fornecer uma historização do fato que está discutindo (isto é, que possa relativizá-lo, situando-o dentro de um contexto de conexões).

Estarei chovendo no molhado? Parece-me importante a possibilidade que este livro, de autoria de dois jovens professores alemães (que não são psicólogos, embora tenham tido também uma formação complementar nessa matéria) abre, de introdução a conhecimentos que em geral não estão ao alcance dos professores. É necessariamente introdutório, abrangente e fornece uma visão satisfatória do que seja Gestalt, inclusive de sua utilidade técnica no dia-a-dia da sala de aula. Situa as premissas básicas da Gestalt e coloca alguns objetivos centrais: possibilitar ao indivíduo um desenvolvimento mais completo de suas possibilidades através do fornecimento de situações de pertinência, sensação de dignidade e, daí, coragem e autoconfiança. Renova a preocupação de se prestar atenção aos aspectos emocionais do aprendizado. Tudo isso, além de outras revelações desta obra, podem ser descobertas extremamente estimulantes para o professor.

São Paulo, outubro de 1984
Antonio Carlos Cesarino

PREFÁCIO

De nossa experiência com escola e ensino superior, surgiu um crescente sentimento de insatisfação com as formas e conteúdos de ensino, com o relacionamento entre professores e alunos, mestres e estudantes e em relação às nossas próprias habilidades e possibilidades de lidar com as constantes dificuldades do dia-a-dia escolar, como falta de disciplina, barulho em classe e desinteresse dos estudantes pelas matérias. Onde estavam os problemas? Em nós mesmos? Nos estudantes? Na estrutura e organização do sistema escolar?

Decepcionados com a estrutura do ensino superior e com a sua orientação quase que exclusivamente voltada à retórica acadêmica e ao ensino por meio de livros, entramos, por acaso, em contato com a Gestalt-terapia e com a gestaltpedagogia. O ceticismo inicial cedeu gradativamente a uma crescente curiosidade. Passamos então por uma série de grupos para experienciarmos a parte prática da gestalt. Essa fase de experienciação ativa variava de uma concordância entusiasmada a um renovado ceticismo repulsivo. Seguiu-se uma fase de desencantamento na qual questionamos os fundamentos teóricos da gestalt-terapia. Como diz Perls, começamos a assimilar os fundamentos. Esse processo de assimilação exigiu um esclarecimento sistemático de perguntas e contradições. Às vezes a gestalt-terapia nos parecia um caminho cheio de esperança para a modificação de relacionamentos insatisfatórios entre seres humanos ou mesmo para a modificação da sociedade, outras vezes nos parecia um novo movimento de fuga apolítico, de inspiração norte-americana.

Fomos aos poucos reconhecendo que não havia respostas fáceis a essas questões. Amadureceu em nós a idéia de apresentar todas as conexões, relações, ligações cruzadas e possibilidades da gestalt-terapia e da gestaltpedagogia, espalhadas em um sem-número de livros e artigos, fundidas num livro, de modo que os interessados tivessem facilitado o acesso à gestalt-terapia e à gestaltpedagogia.

Este livro deve ser encarado como um *reader*. Assim nosso desejo é o de dar uma introdução abrangente da teoria e da prática da gestalt-terapia e da gestaltpedagogia. É nosso propósito oferecer ao leitor uma exposição orientadora, que servirá de base para que ele possa decidir mais facilmente através de quais textos originais (da totalidade da literatura indicada) pretende se aprofundar na matéria.

Devido ao caráter introdutório e expositivo do livro, fomos obrigados a ser abrangentes. Ao mesmo tempo, procuramos desenvolver cada capítulo de modo que fosse compreendido por si. Desta maneira o leitor não é obrigado a ler a obra na ordem em que se encontra, podendo se dedicar à leitura dos capítulos, segundo seus interesses. É porém aconselhável à compreensão das múltiplas relações que, com o passar do tempo, se tome conhecimento do livro como um todo.

O livro se compõe de duas partes: primeiro, gestalt-terapia e, segundo, gestaltpedagogia. A divisão reveste-se antes de caráter de apresentação que de conteúdo, pois a gestalt-terapia é fundamento da gestaltpedagogia.

Iniciamos a primeira parte com "O que é gestalt-terapia?" através de uma apresentação da vida e obra de Fritz Perls e Paul Goodman (capítulo 1). Eles influenciaram, cada um à sua maneira, a gestalt-terapia de forma mais duradoura.

No capítulo 2, "Fontes científicas da gestalt-terapia", empenhamo-nos em tornar patente como a gestalt-terapia se desenvolveu a partir de um questionamento criativo entre diferentes teorias psicológicas e filosóficas, sob a forma de um novo evento.

O objetivo do capítulo 3 é apresentar os conceitos teóricos da gestalt-terapia como resultado deste novo evento.

No capítulo 4 deseja-se demonstrar que os princípios e métodos gestálticos são produtos dos conceitos teóricos. Seguem-se, a cada princípio e método, exemplos de sua aplicação prática no processo terapêutico. Devido a seu importante significado, os papéis de terapeuta e grupo são explicados aprofundadamente.

A primeira parte é encerrada com observações críticas à teoria e prática da gestalt-terapia (capítulo 5), já que consideramos necessário chamar a atenção para os perigos em que uma aplicação duvidosa da gestalt-terapia pode resultar.

Na segunda parte, "O que é gestaltpedagogia?", apresentamos as relações entre gestalt-terapia e gestaltpedagogia, para depois fazermos um esboço das diversas direções que a gestaltpedagogia pode tomar (capítulo 6).

14

A essa visão global segue-se no capítulo 7 uma descrição dos objetivos educacionais e valores da gestaltpedagogia.

Tendo o exposto anteriormente como fundo, discutem-se no capítulo 8 as críticas que a gestaltpedagogia tem a fazer em relação à realidade escolar. Os resultados obtidos por meio dessa crítica e dos conceitos teóricos e práticos da gestalt-terapia são discutidos no capítulo 9, apresentando-se a utilização dos princípios e métodos da gestalt na escola.

Para que o leitor possa fazer uma idéia melhor da prática da gestaltpedagogia, segue no capítulo 10 a reprodução de um aperfeiçoamento para professores, orientado gestaltpedagogicamente.

Segue-se uma localização das possibilidades de aplicação da gestaltpedagogia na escola pública, para delimitar de modo realista o campo de ação (capítulo 11).

O encerramento é o capítulo 12, no qual fornecemos idéias concretas sobre a aplicação prática. Um plano para desenvolvimento gradual, unidades de aprendizagem e uma bibliografia comentada devem dar ao professor ajuda concreta para que ele, sozinho, faça experiências com a gestaltpedagogia.

Neste ponto chamamos a atenção para o fato de que a utilização da gestaltpedagogia não se restringe, é óbvio, somente às escolas, pode também ser aplicada em outros campos da pedagogia (trabalho com jovens, trabalho com idosos, formação de adultos etc.).

Seria bom que o leitor tivesse sempre em mente durante a leitura, o fato de que na gestalt-terapia e na gestaltpedagogia se trabalha com fundamentos que pressupõem vivência e que, por isso, só podem ser totalmente apreendidos em conjunto com a vivência prática.

Este livro só se tornou realmente possível graças aos estímulos e incentivos dos professores Hartmut Frech e Marina Neumann-Schönwetter. Agradecemos ainda a Peter Rubeau e aos gestalt-terapeutas Ruth Reinboth e Thijs Besems pelos numerosos incentivos e experiências que nos proporcionaram, e à professora Dorothea Freudenreich pelo encorajamento e aconselhamento na parte prática, que demonstra exemplarmente as possibilidades de realização no âmbito escolar.

Berlim, janeiro de 1981
Olaf-Axel Burow / Karlheinz Scherpp

PRIMEIRA PARTE

O QUE É GESTALT-TERAPIA?

1.

Os fundadores da gestalt-terapia

Fritz Perls é freqüentemente designado "inventor da gestalt-terapia" (*Psychologie heute,* caderno 6/1978, p. 65). Os conhecedores do assunto mencionam também Paul Godman. Precisamos, no entanto, lembrar que, além deles, ainda muitos cientistas desconhecidos tomaram parte em maior ou menor escala no desenvolvimento da gestalt-terapia. Como exemplo, fazemos menção apenas a Laura Perls e aos colaboradores do Instituto Esalen.

Foi, porém, Perls quem cunhou o conceito "gestalt-terapia". Em trabalho conjunto com Hefferline e Goodman, elaborou a primeira apresentação teórica e prática da gestalt-terapia (Perls *et al.* 1979 *a* e *b*). Até hoje seus livros servem de base a quem pretender se ocupar da gestalt-terapia.

Enquanto Perls enfatizava a aplicação e a continuidade no desenvolvimento da terapia, Paul Goodman preocupava-se mais com as conseqüências político-pedagógicas. De maneiras distintas, ambos deram importantes impulsos ao desenvolvimento da gestalt-terapia e da gestaltpedagogia. Por isso apresentaremos a seguir uma visão sucinta de suas vidas e obras.

1.1 VIDA E OBRA DE FRITZ PERLS

Fritz Perls nasceu em Berlim no dia 7 de julho de 1893. Estudou medicina, formando-se em 1921. A seguir fez sua formação psicanalítica. Ainda como seguidor da psicanálise ortodoxa, trabalhou a partir de 1926 com o psicólogo gestáltico Kurt Goldstein. Em suas atividades de psicoterapeuta foram crescendo suas dúvidas em relação às diferentes concepções da psicanálise. Assim ele adotou, por exemplo, a concepção de Goldstein de que "o homem deve ser entendido como um organismo integrado e não como uma seriação mecânica de unidades distintas". (*Psychologie heute,* caderno 6/1978, p. 65). Durante anos de questionamento à psicanálise, foi-se aproximando passo a passo da gestaltpsicologia.

Importante também foi seu contato com Wilhelm Reich, no início dos anos 30. Dele incorporou o ponto de vista do significado dos processos físicos nos doentes psíquicos.

Como judeu, Perls teve que fugir em 1933 do nazismo. Em 1934 fundou, na África do Sul, um instituto de psicanálise. Nessa época fazia experiências com novas formas de terapia, que divergiam da psicanálise ortodoxa. Um encontro que teve com Freud, que já se encontrava nessa época à beira da morte, foi frustrante.

Baseado nos resultados de suas próprias pesquisas, foi gradativamente se afastando da psicanálise ortodoxa, esforçando-se por desenvolver uma nova forma de terapia. No livro apresentado em 1947 — "O ego, a fome e a agressão" — resumiu toda sua crítica à psicanálise e desenvolveu uma nova forma de terapia: a *Konzentrationstherapie.** Esta corresponde em seus fundamentos à gestalt-terapia detalhadamente apresentada em 1951.

A partir de 1946, Perls trabalhou nos EUA e se tornou membro do Instituto Esalen. Os anos que se seguiram foram marcados por sua atividade como terapeuta e pela progressiva difusão de seus princípios.

Nos últimos anos de vida, procurou concretizar seu modo de ver o ser humano, numa *Lebens-und-Lerngemeinschaft* ** (Petzold, 1977), um "gestaltkibutz". Faleceu em 14 de março de 1970.

Suas mais importantes obras publicadas são (em ordem cronológica):

• *Das Ich, der Hunger und die Aggression* (Perls, 1978).
Este livro, dedicado ao gestaltpsicólogo Max Wertheimer foi primeiramente publicado em Londres no ano de 1947. Nele Perls se dedica a questionar os princípios teóricos e práticos da psicanálise e da gestalt-terapia, lançando suas novas idéias, as quais denomina *Konzentrationstherapie.*
• *Gestalt-Therapie, Lebensfreude und Persönlichkeitsentfaltung* (Perls *et al.* 1979a).
Gestalt-Therapie, Wiederbelebung des Selbst (Perls *et al.* 1979b).
Livro publicado pela primeira vez em dois volumes nos EUA em 1951. É o resultado do trabalho conjunto dos editores Perls, Hefferline, Goodman. Fritz Perls forneceu o projeto, Hefferline e Goodman o desenvolveram, reportando-se a Perls. No livro encontram-se uma introdução prática à gestalt-terapia e uma introdução à modificação do eu, bem como, na segunda parte, uma fundamentação teórica.

---

* Terapia de concentração (N. do T.).
** Comunidade de vida e aprendizagem (N. do T.).

- *Gestalt-Therapie in Aktion* (Perls 1976a).

Acompanhando uma introdução teórica, este livro, editado em 1969, traz transcrições de gravações feitas durante sessões de terapia, que demonstram claramente como Perls nelas utiliza os sonhos.

- *Grundlagen der Gestalt-Therapie. Einführung und Sitzungsprotokolle* (Perls 1976b).

Neste livro de 1973, Perls apresenta de maneira abrangente e facilmente compreensível o que é gestalt-terapia e em que consiste na prática.

Todos os livros desse autor caracterizam-se pela sua grande proximidade com a prática terapêutica e procuram promover um contato direto com o leitor. Assim Perls mostra na sua maneira de escrever como acontece a aprendizagem e como o contato pode ser realizado.

1.2 VIDA E OBRA DE PAUL GOODMAN

Paul Goodman nasceu em 1911 em Greenwich Village, Nova York. A partir de 1931 estudou literatura inglesa na Universidade de Chicago. Encerrados seus estudos passou a lecionar na mesma universidade, sendo, porém, demitido em 1940 devido a homossexualidade.

No fim dos anos quarenta funda com Fritz Perls o *Institute for Gestalt Therapy* (Nova York e Cleveland). Em 1945, por se negar a prestar o serviço militar, é condenado à prisão. Lá escreve um "manifesto anarquista".

Paul Goodman viveu até 1960 "à margem da sociedade, na pobreza e no esquecimento" (Blankertz 1977, p. 61f). Subitamente, no início dos anos sessenta, torna-se extremamente popular. Seus livros *"Growing Up Absurd"* e *"Drawing the Line"* forneceram à juventude em rebeldia, uma crítica teoricamente fundamentada à sociedade de consumo americana. O campo de ação de Paul Goodman não se limitou à publicação de livros: foi ativo organizador e colaborador em diversas campanhas. Assim tomou parte no *Free Speech Movement* em Berkeley, em ações anti-racistas e em demonstrações contra a guerra. Goodman tinha também especial interesse por uma crítica exaltada ao sistema educacional americano. Em seu livro *"Compulsory Miseducation"* editado em 1964, critica arduamente o sistema escolar americano e exige a abolição da escola, alegando que esta emburrecia a juventude e a tornava dependente. Propõe a criação de "escolas livres", como, por exemplo, as que realizou seu amigo George Dennison (Goodman 1977, p. 119).

Goodman era uma personalidade multifacetada. O que é também demonstrado por sua abrangente obra como escritor. (Bibliografia em Blankertz 1977, *Anm.* 7). Esta abrange filosofia, política, pedagogia e trabalhos literários-científicos e, por fim, inclusive romances. Além de tudo isso, Goodman também atuou prática e politicamente como agitador. Faleceu em 1972.

O principal mérito de Paul Goodman reside no fato dele ter relacionado pontos de vista na gestalt-terapia com questionamentos político-pedagógicos. A diferença em relação a Perls, que se dedicava principalmente à prática psicoterapêutica, é que Goodman, utilizando-se das perspectivas da gestalt-terapia, criticava a sociedade (vide *"Aufwachsen im Widerspruch"*), em especial, o sistema educacional americano (vide *"Das Verhängnis der Schule"*).

Neste sentido Goodman ampliou os horizontes da gestalt-terapia e da gestaltpedagogia no que se refere ao inter-relacionamento da sociedade como um todo.

2.

Fontes científicas da gestalt-terapia

O desenvolvimento da gestalt-terapia para uma forma independente de terapia só pode ser compreendido através de uma síntese e da criação de novos eventos provenientes de diversos conceitos teóricos.

Fritz Perls tinha no começo, devido à sua formação, uma orientação psicanalítica ortodoxa. Conhecer a gestaltpsicologia permitiu-lhe a adoção de novos pontos de vista. Nas suas atividades de psicoterapeuta, começou a sentir as limitações dos métodos da psicanálise. Desenvolveu então uma postura que lhe permitiu fazer experiências, buscando trilhar novos caminhos. Os fatores determinantes foram o questionamento e, em certa medida, a integração dos conceitos da psicanálise, da teoria de Wilhelm Reich e a delimitação em relação aos princípios do comportamentalismo.

2.1 GESTALTPSICOLOGIA COMO FUNDAMENTAÇÃO TEÓRICA DA GESTALT-TERAPIA

Neste capítulo procuramos dar uma visão histórica sucinta da origem e da organização da gestaltpsicologia. A seguir, reproduziremos o conteúdo essencial daquilo que apregoa, já que esse conteúdo é importante e fundamental para a compreensão da gestalt-terapia.

A gestaltpsicologia foi, na Alemanha dos anos vinte e trinta, a tendência psicológica predominante. Estão a ela ligados nomes como Max Wertheimer, Wolfgang Köhler, Kurt Koffka, Kurt Lewin e Wolfgang Metzger. A gestaltpsicologia ou gestalt-teoria (utilizaremos esses dois termos no futuro como sinônimos; vide em relação a isso Guss 1977, pp. 6 ss.) desenvolveu-se a partir de duas fontes:

* *da recusa dos pontos de vista atomísticos da psicologia estrutural e da psicologia associacionista;*

A psicologia estrutural e a associacionista sob a perspectiva da gestaltpsicologia, reduzem o fator psíquico a elementos (atomismo). A gestaltpsicologia se contrapõe a isso com uma tese fortalecida por experimentos de que "o todo é mais que a soma de seus elementos". Assim, é preciso levar em conta, na análise dos processos psíquicos, a análise do processo global dos fatores que nele interferem.

Outro foco de críticas é formado pela aceitação da constância por parte da psicologia estrutural. Dessa forma, a nossa percepção subjetiva é um retrato fiel das percepções físicas do ambiente (realidade objetiva). Em contraposição, estão os psicólogos gestálticos que afirmam que as ilusões ópticas e as percepções falhas da realidade a deformam de maneira imprópria. Daí decorre a conclusão dos psicólogos gestaltistas de que os psicólogos estruturais subestimam a importância dos determinantes situacionais nos processos de percepção.

- *da aceitação dos trabalhos de Wertheimer relativos à estrutura da percepção (fenômenos phi) (Neel 1975, pp. 343 ss.)*

Baseados na recusa dos pontos de vista atomistas (vide acima) e no exame da ação de diversos estímulos no processo de percepção (idem), Wertheimer, Koffka e Köhler chegaram a uma série de estruturas básicas dos processos de percepção humana. Essas estruturas básicas estão fixadas nas assim chamadas leis da gestalt, que se alicerçam nas propostas básicas da gestaltpsicologia.

2.1.1 Os pressupostos básicos da gestaltpsicologia

O pressuposto básico da gestaltpsicologia é que o todo sempre é mais que a soma de suas partes. Metzger o formula de maneira ainda mais clara e diz: "O todo é algo *diferente* da soma de suas partes", chegando a qualificar a outra informação de inexata (Metzger 1975b, p. 6). Perls assim afirma:

É pressuposto (Na gestaltpsicologia: N. do A.) que fatos, percepções sensoriais, formas de comportamento e fenômenos são definidos e alcançam seu significado independente e específico só quando de sua organização e não já através de seus componentes individuais (Perls 1976b, p. 20).

Ainda Perls:

A suposição básica da gestaltpsicologia é que a natureza humana se organiza em estruturas ou totalidades, sendo dessa maneira percebida pelo indivíduo e só pode ser compreendida como uma função daquelas estruturas ou totalidades das quais se compõe. (Perls 1976b, p. 22).

2.1.2 As leis da gestalt

● *A lei gestáltica da dinâmica entre figura e fundo:*

Segundo a teoria da gestalt o desenrolar de ações é uma constante e viva dinâmica entre figura e fundo (comparar Frech 1977/8, p. 2).

Esta relação figura-fundo é vista de melhor maneira através deste exemplo:

Suponhamos que numa sala de estar esteja se realizando uma festa, um coquetel. A maioria dos convidados já está presente e os retardatários vão entrando, um após o outro. Um recém-chegado adentra o recinto. Trata-se de um alcoólatra crônico, necessitando urgentemente de algo para beber. Para ele, tudo — os outros convidados, as poltronas, os sofás, os quadros nas paredes — vai perder importância e tornar-se pano de fundo (= fundo). Irá direto ao bar. Este vai aparecer como único objeto em primeiro plano; o bar tornar-se-á para ele figura, gestalt (Perls 1976b, p. 21). Se depois de algum tempo tiver saciado razoavelmente sua necessidade de álcool, a gestalt estará fechada, poderá se desfazer e dar lugar a uma outra. A necessidade de álcool pode passar para o fundo e uma nova necessidade, por exemplo, o desejo de atenção e carinho tornar-se figura. Suas atividades perceptivas se concentrarão agora em como saciar esta nova necessidade, ou seja, como fechar a gestalt aberta; assim, vai voltar-se aos presentes e "inspecionar" presumivelmente as mulheres, em especial, sob o aspecto de sua necessidade. ,

Obviamente a dinâmica figura-fundo raramente funciona de forma tão simples como no nosso exemplo. Uma gestalt pode ficar constantemente aberta, por exemplo, se um relacionamento com uma pessoa não for claro, ou se o medo e a raiva não forem expressos. Isso tem como conseqüência que a dinâmica dessa gestalt constantemente aberta se misturará com outras tendências nesse campo, tomando o aspecto de "um negócio não resolvido".

A dinâmica viva entre figura e fundo será também perturbada quando certos acontecimentos, por exemplo, necessidades ou medos, são mantidos como fundo, não podendo tornar-se figura. Como conseqüência a pessoa ficará bloqueada nesse ponto e terá então um "ponto cego" (comparar Frech 1977/8, p. 2).

Deve ficar estabelecido, em todo caso, que a escolha dos elementos que se apresentam é o resultado de muitos fatores, que podem ser colocados sobre um denominador comum, o interesse (Perls 1976b, p. 20).

● *A lei gestáltica da semelhança* diz que há uma tendência de se perceberem coisas que de alguma forma se assemelham, como padrão. Para a explicação, um exemplo:

Fig. 1: Lei da semelhança

Nessa figura percebemos grupos de círculos e quadrados. Ambas as figuras (círculos e quadrados) são do mesmo tamanho e encontram-se separadas sempre pela mesma distância. Não existe, portanto, nenhum motivo para um agrupamento, a não ser o fato de que algumas figuras são mais parecidas com as vizinhas que outras (compare Neel 1975, p. 347). Esta lei gestáltica é de grande significação nos processos de pensamento e aprendizagem.

* *A lei gestáltica da proximidade* estabelece que há uma tendência de se perceberem coisas que se encontram próximas umas das outras, como padrão.

Fig. 2: Lei da proximidade

Nessa figura, o terceiro e o quarto elemento encontram-se mais distanciados um do outro que, por exemplo, o segundo do terceiro. Por isso não há razão, entretanto, de não se considerar o terceiro e o quarto como componentes de um mesmo grupo.

* *A lei gestáltica da pregnância ou também da boa forma* diz que percebemos um padrão de maneira a emprestar-lhe a melhor gestalt possível.

Fig. 3: Lei da pregnância

Segundo a lei do transcorrer retilíneo deveria haver no meio *um* traço enviesado do alto à esquerda para baixo à direita. Na figura ele se decompõe em um lado do octógono e em uma parte do ziguezague, já que ambos são os "melhores" componentes em termos de unidade e regularidade que podem ser vistos nessa distribuição de traços (Wertheimer 1923, citado em Metzger 1975b, p. 8).

lei gestáltica do fechamento deixa-se derivar da lei da pregnância. Estabelece ela que as linhas totalmente fechadas de uma figura sob circunstâncias idênticas são mais facilmente tomadas como unidade do que se não estivessem fechadas (compare Neel 1975, pp. 348 ss.).

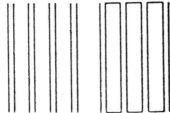

Fig. 4: Proximidade e fechamento
(Segundo Friedrich Dorsch, *Psychologisches Wörterbuch,* editado por Werner Traxel, Hamburgo/Berna ⁸1970, p. 161).

O fenômeno que comprova tanto a lei da pregnância quanto a do fechamento é o assim chamado *efeito Zeigarnik.*

Estipula: se uma pessoa é interrompida durante a execução de uma tarefa, a conclusão dessa tarefa terá preferência em relação à execução de outra tarefa de mesma natureza. Em outras palavras: a pessoa se esforça por um fechamento, por uma resolução de assuntos não resolvidos.

Fritz Perls introduziu em sua gestalt-terapia essas leis da gestalt. A relação figura-fundo, a lei da boa forma são concepções implicitamente contidas nos procedimentos terapêuticos da gestalt. O objetivo da gestalt-terapia é, entre outros, fechar assuntos em aberto (gestalts), visto conceber que o acúmulo de situações não resolvidas (= gestalts em aberto) leva à confusão.

2.1.3 *O campo conceitual da gestaltpsicologia*

Segundo o conceito da gestaltpsicologia, o comportamento da pessoa é condicionado ao campo que ela pode perceber. Por campo, a teoria gestáltica entende um todo de fatos concomitantes, que podem ser compreendidos de maneira mutuamente exclusiva (Walter 1977, p. 15).

Enganos são considerados conseqüência de percepção defeituosa do campo:

> Quando por fim um comportamento bem-sucedido se instaura, isso se deve ao fato de que o campo se modificou de tal forma durante a última experiência que a pessoa finalmente o registra de maneira adequada à realidade. Uma

lacuna de sua percepção se fechou e a pessoa está agora em condições de perceber as complexas relações mutantes que fazem parte de seu problema (Neel 1975, p. 352).

Esses fundamentos dos psicólogos gestálticos são também incorporados por Perls. O objetivo central da gestalt-terapia é ajudar o cliente através de diferentes métodos, de modo que ele possa ter uma percepção, sem erros ou aberrações, de si próprio e do campo.

O campo comportamental (o campo no qual o comportamento se desenrola) é dividido em dois pólos:

o EU — e — seu MEIO.*

Entre o Meio e o Eu existe uma tendência ao equilíbrio (homeostase).

2.1.4 O conceito gestaltpsicológico de homeostase

Entre os dois pólos podem aparecer tensões que tornam a polaridade mais forte e desfazem o equilíbrio. Também de dentro do eu e do meio podem surgir tensões que perturbem o equilíbrio. Uma outra fonte de conflito é o fato da pessoa se comportar voltada para si mesma, agindo de forma inadequada ao meio (comporta-se segundo suas experiências, não percebendo devidamente o ambiente). Dessas possibilidades aqui apenas esboçadas de maneira sucinta resultam, segundo a conceituação dos gestaltpsicólogos, as mais diversas condições para a ocorrência de adaptações falhas.

Perls incorpora o conceito de homeostase e baseia seu trabalho na auto-regulação do organismo. O objetivo do trabalho terapêutico é fazer com que essa auto-regulação, inerente ao organismo humano, porém, perturbada por diversas influências da sociedade e das condições socializantes, seja novamente posta em condições de funcionamento.

2.1.5 A ênfase ao presente na gestaltpsicologia

Os gestaltpsicólogos defendiam o conceito de que o comportamento era pura e simplesmente condicionado ao campo de estimulação do presente. Com isso não queriam de maneira alguma ignorar as influências do passado e do futuro, mas simplesmente exprimir que o passado e o futuro só influenciam o comportamento por meio de seus efeitos constatáveis no presente. Portanto, a gestaltpsicologia

---

* *das SELBTS (Ich) — und- dessen UMWELT* (N. do T.).

relaciona todos os fatores que influenciam a dinâmica dos campos de percepção e de atuação com a atuação presente.

Traços de memória estão subordinados a leis autônomas da transformação; por isso a averiguação "objetiva" de um resultado no passado pode ser um auxílio para a compreensão de acontecimentos atuais; decisivas, por exemplo, para sintomas neuróticos no presente são no entanto as lembranças atuais (tomadas dentro do contexto temporal atual), que, em casos extremos, não têm praticamente semelhança alguma com o fato (indireto) ocorrido no passado (Enke, citado em Frech 1977/8, p. 3).

Perls chega através de idéias como essas à conclusão de que a ênfase na terapia deve ser dada ao aqui-e-agora do comportamento.

Os gestaltpsicólogos atribuíam especial importância à análise da estrutura da percepção e à ênfase do presente. Daí vem que a pergunta do *como* do comportamento assume o primeiro plano do interesse, em lugar do *por quê*.

Fritz Perls adota essa pergunta do como do comportamento, como princípio gestalt-terapêutico próprio. Para Kurt Lewin os conceitos do concreto, do presente e do relacionamento são os princípios relevantes para a modificação. Perls desenvolve uma série de métodos para realizar esses princípios.

Leis da gestalt, conceito de campo, ênfase no presente, conceito de homeostase, concentração no campo do comportamento são, todas, idéias que Perls adota, utilizando-as na construção de uma nova forma de terapia.

A gestalt-terapia leva portanto esse nome por sua inegável proximidade com a teoria dos gestaltpsicólogos. A contribuição de Fritz Perls consiste no fato dele ter tornado utilizáveis de maneira criativa e inteligente as leis da gestalt e outros conhecimentos da gestaltpsicologia, como material de terapia.

2.2 A ELABORAÇÃO DE PERLS SOBRE A PSICANÁLISE

Gestalt-terapia como psicanálise econômica

O que tem a gestalt-terapia a ver com a psicanálise? É a gestalt-terapia um método totalmente novo, independente da psicanálise? Houve uma ruptura de Perls com a psicanálise? Nos parágrafos que se seguem vamos procurar esclarecer essas questões abertas, ou — para falar em termos da gestalt — fechar da melhor maneira possível essas gestalts abertas.

Primeiramente daremos uma visão geral, sob forma de tese, da elaboração de Perls sobre a psicanálise. O que refutou e o que propôs como alternativas? Para demonstração das conseqüências resultantes desse procedimento, serão confrontados — representando respectivamente a psicanálise e a gestalt-terapia — os testemunhos de Freud e Perls sobre os elementos essenciais de suas formas de psicoterapia.

2.2.1 *Visão geral da elaboração de Perls sobre a psicanálise*

O questionamento que Fritz Perls faz à psicanálise é apresentado em seu livro *O ego, a fome e a agressão*. No julgamento dos efeitos, deve-se ter em mente que aqui se trata do resultado de uma briga vitalícia, teórica e prática com as posições de Freud.

A crítica de Perls se relaciona em essência a sete pontos fundamentais:

* Pensamento diferenciador *versus* pensamento segundo o princípio da causalidade:

Perls põe em dúvida o valor da lei causa-efeito (princípio da causalidade) para a psicologia. A supervalorização desse princípio por Freud acarretara uma procura unilateral das origens do comportamento perturbado e uma supervalorização do por que do comportamento. O pensamento diferenciador é visto por ele como uma saída. Através do pensamento por contrários (pensamento diferenciador) numa interpretação como unidade mutuamente condicionadora (lei dialética da unidade dos opostos; compare Perls 1978, p. 19), quer evitar a unilateralidade e chegar a uma observação e descrição apropriadas de seu objeto.

* Gestaltpsicologia *versus* psicologia associacionista:

Perls critica a psicologia associacionista, base da psicanálise de Freud, considerando-a isolacionista e inadequada ao seu objeto. Contrapõe a isso a gestaltpsicologia com sua definição de campo (vide 2.1.3).

* Imagem humana global *versus* conceito isolacionista:

Perls afirma que a psicanálise trata na sua prática as realidades psíquicas como se existissem isoladas do organismo. A isso Perls contrapõe o conceito da unidade de corpo, alma e espírito, que precisaria encontrar a sua precipitação (assentamento) na prática terapêutica (idem p. 41).

* Conceito de homeostase *versus* conceito de pulsão:

Com o conceito de homeostase (compare 2.1.4), Perls critica a noção de pulsão da psicanálise. O termo pulsão seria apenas geral, aplicável a complexos acontecimentos no organismo. Segundo Perls, através da perturbação do equilíbrio orgânico, originam-se as necessidades e pulsões. De acordo com sua concepção, teríamos que reconhecer, portanto, algumas centenas de pulsões diferentes.

* Crítica à teoria da libido:

Freud achava que a libido era uma energia específica que agia sobre o comportamento e a experiência. Colocava a libido e a sexualidade teoricamente em equivalência, explicando muitos distúrbios psíquicos pela retenção do fluxo da libido. Em virtude dessa equivalência Freud tinha, segundo Perls, superestimado, brutalmente, o significado de sexualidade. De sua prática como psicanalista, Perls concluiu que a fome e as funções do ego desempenhavam um papel muito maior do que se poderia esperar da teoria de Freud (idem, p. 97). Por isso propunha que a teoria da libido, devido às suas contradições, fosse inteiramente abolida.

- Princípio do aqui-e-agora *versus* orientação voltada ao passado:

Enquanto a psicanálise vê seu objetivo principal na conscientização de impulsos reprimidos, aqui, a partir do enorme significado das experiências infantis primárias, ou seja, voltado para o passado, Perls considera com fundamentação gestaltpsicológica que (vide 2.1.5) "ocupar-se do comportamento, fora do aqui-e-agora, é perda de tempo" (idem p. 11).*

- Terapia de concentração *versus* técnica da associação livre:

Perls critica na técnica da associação livre o fato dela em conjunto com a concentração sobre o passado, levar a um vaguear desorganizado e sem rumo, tornando assim, mais fácil evitar uma confrontação com o analista (idem p. 99). Contrapõe a isso a concentração sobre o presente, o sintoma e a relação cliente-terapeuta.

Esta introdução, sob forma de visão geral, deve agora ficar clara fundamentalmente dentro dos limites dos trabalhos psicanalítico e gestalt-terapêutico.

2.2.2 Exposição exemplar ligada a categoria centrais

O objetivo do trabalho psicanalítico

É objetivo do trabalho psicanalítico sustar as repressões. Como conseqüência das repressões, que têm sua origem nos primórdios do desenvolvimento infantil, o jogo das instâncias ego, id e superego fica perturbado. Esta perturbação deve ser abolida por um processo progressivo. A psicanálise parte da tese de que os sintomas atuais e as inibições dos pacientes são conseqüências dessas repressões, por exemplo, os esquecimentos. Freud mesmo diz:

---

* Esta afirmação deve ser vista como uma exposição focada de suas experiências na terapia. Serve de delimitação contra "terapias de falar sem tocar no assunto" (*Darrüberreden-Therapie*. N. do T.). Outros terapeutas gestálticos como, por exemplo, Polster (1975) tentam incluir o passado como tema na terapia. O passado é examinado quanto às suas influências sobre o agora.

... fizemos o melhor por ele (paciente, o editor) quando nós, como analistas, levamos os processos de seu ego ao nível normal, tornamos préconscientes coisas esquecidas e reprimidas fazendo assim com que o ego se torne novamente apto (Freud 1971, p. 39).

O objetivo do trabalho gestalt-terapêutico

Na terapia nós precisamos... restabelecer as habilidades do neurótico para uma diferenciação. Precisamos ajudá-lo a redescobrir aquilo que ele mesmo é e o que não é, o que o satisfaz e o que o inibe. (Perls 1977, 2A, p. 39).

Deve-se dar ênfase ao óbvio, já que o neurótico é para Perls um ser humano que não vê o óbvio. O objetivo do trabalho gestaltterapêutico é deixar se tornarem uma gestalt pregnante os mecanismos neuróticos da repressão no aqui-e-agora e estimular uma ciência dos acontecimentos atuais, bem como a capacidade de concentração, integração e crescimento pessoal.

Como a psicanálise chega a seu material com o qual trabalha e qual é esse material?

Deixemos o próprio Freud dar a resposta:

O material para nosso trabalho é obtido de diversas fontes: daquilo a que as suas (do paciente, N. do E.) comunicações e associações livres aludem, daquilo que nos mostra em suas transferências, daquilo que subtraímos do significado de seus sonhos, daquilo que nos revela através de seus atos falhos (Freud 1971, p. 36).

Quer dizer: as associações livres, o comportamento de transferência sobre o analista e os sonhos do paciente são os materiais mais importantes com os quais a psicanálise trabalha.

Como a gestalt-terapia chega a seu material com o qual trabalha e qual é esse material?

Com relação a essa pergunta, Perls diz:

Temos... certa facilidade, em comparação aos psicanalistas, pois contamos indubitavelmente com todo o ser humano à nossa frente imediata porque a gestalt-terapia utiliza olhos e ouvidos e o terapeuta fica totalmente no agora (Perls, citado em Walter 1977, p. 10).

Vale dizer: material para o gestalt-terapeuta é tudo o que ele pode observar e perceber atentamente através de seus sentidos no aqui-e-agora da situação de terapia, não se restringindo à comunicação verbal, ou seja, incluindo a comunicação não verbal. O aqui-e-agora inclui o passado até o ponto em que este atua no aqui-e-agora (por exemplo, sonhos e recordações).

Relacionamento com o material de trabalho

Antes de Perls ter a palavra para criticar a técnica freudiana da associação livre, deve ela ser brevemente descrita. Bally escreve a respeito:

Ele (Freud, N. do A.) trata de seus doentes, deixando que, sem outro tipo de influência, se deitem comodamente de costas num divã e ele mesmo, longe do alcance de seus olhares, senta-se numa cadeira atrás deles... Uma sessão como esta transcorre... como uma conversa entre duas pessoas igualmente despertas, sendo que uma delas se poupa de qualquer esforço muscular e de qualquer sensação que pudessem perturbar sua concentração e atenção sobre suas próprias atividades espirituais... Ele lhes recomenda intensamente, antes de lhes solicitar que relatem detalhadamente o histórico de suas doenças, que devem contar no transcorrer da sessão tudo o que lhes passar pela cabeça, mesmo que o considerem sem importância ou não relacionado, ou mesmo um disparate (Bally 1961, pp. 216 s.).

Perls critica em primeira instância o fato da técnica da associação livre em Freud só transcorrer ao nível verbal e, assim, escancarar as portas para a racionalização e a esquiva.

O que Freud denomina associação, eu denomino dissociação, dissociação esquizofrênica que evita o conhecimento... Você pode falar até o dia do juízo final, você pode recordar-se de suas lembranças da infância, até de seu nascimento, mas nada mudará... (Perls citado em Walter 1977, p. 9).

Para Perls a esquiva é o sintoma central das neuroses, e por isso não dá muita importância à técnica da associação livre, substituindo-a pela técnica da concentração naquilo que existe, ou seja, no aqui-e-agora. O ser humano pertence em sua totalidade ao aqui-e-agora, ou seja, não só com seu discurso através das palavras, mas também e exatamente, com sua expressão corporal.

Walter reconhece na exigência de Perls, de que se deva permanecer no contínuo da consciência, a técnica freudiana da livre associação e, ainda, como equivalente da regra psicanalítica fundamental do "dizer tudo". Walter constata nessa comparação — como também em outros pontos — uma inconseqüência de Freud entre seu pensamento e o seu método. Reconhecidamente Freud vê a alma como um sistema dinâmico de partes reciprocamente dependentes. Porém, sua técnica da associação livre ao dar valor somente ao pensamento não leva isso em conta, descartando as dimensões do sentir e do fazer, indiscutivelmente participantes (Walter 1977, p. 9).

O comportamento motor, como "ação", é depreciado por Freud em relação ao trabalho analítico concreto. Perls, ao contrário, exige e fomenta, sob o aspecto da unidade de corpo, alma e espírito, justamente a ação, denominando a renúncia a isso de esquiva do conhecimento, em especial, do conhecimento corporal.

33

Para Freud a desfiguração dos *sonhos* é um *handicap* para os trabalhos com sonhos. Para Perls são justamente essas desfigurações importantes pontos de partida. Nos sonhos, Freud reconhece tendências de objetivos contrários situados lado a lado; conflitos não solucionados na realidade ele vê ressurgir como "restos do dia não resolvidos". Para Perls, ao contrário, é importante que a cisão, no intelecto aparentemente superior, nos sentimentos aparentemente estranhos ao ser e nos comportamentos igualmente estranhos, dentro ou fora de um sonho, dos quais o intelecto se distancia, seja eliminada e com o método da identificação sejam novamente integrados pensamento, sensação e ação (*idem*, p. 12).

A *transferência* é, segundo Freud, ambivalente, já que pode ter conotação positiva ou negativa em relação ao analista que, via de regra, é colocado no lugar de um dos progenitores, o pai ou a mãe. Freud diz:

> O curioso é que o paciente não se restringe a encarar o analista à luz da realidade como auxiliador e conselheiro... mas o vê como o retorno... de uma pessoa importante em sua infância, em seu passado e, por isso, *transferindo* (grifo dos autores), para ele sensações e reações que certamente caberiam àquele modelo (Freud 1971, p. 33).

Freud vê a vantagem de uma transferência positiva, no fato do terapeuta constituir a partir desse momento um novo superego do paciente, capaz de efetuar "uma espécie de reeducação do neurótico (*idem* pp. 33-35). Para Freud, o trabalho com o fenômeno transferência é "um auxílio de valor inestimável", já que é de opinião de que uma neurose está curada assim que o paciente tenha adquirido um conhecimento continuado de seu passado. O analista como pessoa, a quem a transferência se dirige, não se deixa envolver, registrando apenas aquilo que o paciente diz e interpretando, se for o caso.

Para Perls, o alto valor que Freud atribui à transferência é a expressão de sua supervalorização da visão histórica, de seu pensamento causal e não dialético (Perls 1978, pp. 106 ss.). Perls lida com a transferência, deixando-se utilizar, de bom grado, como tela de projeção, reagindo, porém, como uma pessoa em sua totalidade; quer dizer, envolve-se, entra em interação e em contato com o cliente. Não partilha, contudo, da intenção de Freud de aclarar o conhecimento do paciente em relação ao seu passado, mas tenta deixar claro ao cliente a estrutura da projeção, como ela se apresenta no aqui-e-agora.

Assim, tanto Perls quanto Freud deixam-se utilizar como tela de projeção, só que de maneiras diferentes. Enquanto Freud suporta diversas fases da projeção passivamente, considerando-as até necessárias para o progresso da terapia, Perls reage a elas como a pessoa real Fritz Perls, deixando claro, por exemplo, não ser o pai autoritário ou a mãe carinhosa.

Técnicas psicanalíticas

Freud explica como é o plano de cura pela psicanálise:

O ego encontra-se enfraquecido pelo conflito interno; temos que lhe dar ajuda. Está como que numa guerra civil, a qual deve ser decidida pela ajuda de um aliado que se encontre do lado de fora. O médico analista e o ego enfraquecido do doente devem, apoiados no mundo externo real, formar um partido contra os inimigos: as necessidades pulsionais do id e as necessidades de consciência do superego. Fazemos um contrato entre nós. O ego doente nos promete total franqueza, isto é, a disponibilidade de todo o material fornecido pelos seus próprios processos de percepção; nós lhe garantimos extrema discrição e colocamos nossa experiência a seu serviço. Nosso conhecimento deve compensar sua ignorância, deve devolver ao seu ego o domínio de setores perdidos de sua vida espiritual. Nesse contrato consiste a situação analítica (Freud 1971, p. 32).

Ainda Freud, em outro trecho, continua a falar sobre a regra fundamental da psicanálise:

Nós o (o paciente, N. do A.) fazemos cumprir a regra analítica fundamental, que governará no futuro seu comportamento frente a nós. Ele não só deve comunicar aquilo que diz propositalmente e de bom grado, o que lhe traz alívio como que uma confissão, mas também tudo aquilo que lhe vier à mente, mesmo que isso lhe seja desagradável de dizer, ou lhe pareça sem importância, ou, mesmo, sem sentido (idem p. 33).

O paciente deve, pois, contar tudo o que lhe vier à mente, de modo que o analista tenha a oportunidade de decifrar o material reprimido pelo seu inconsciente e pela comunicação dos respectivos significados e de ampliar o conhecimento da parte inconsciente do ego, o que por si só já tem ação de cura.

Técnicas gestálticas

Deixar compreender, deixar brincar e deixar descobrir são alternativas de Perls à interpretação e não são, como considera Walter, um oposto (Walter 1977, p. 11). Como conseqüência, não se colocam limites à fantasia e à criatividade no espaço terapêutico, à exceção de ferimentos físicos ou espirituais. Perls afirma:

... Agora as lacunas na personalidade estão sempre... presentes na projeção do paciente sobre o terapeuta... Tudo o que uma pessoa cindiu ela poderá ter de volta; e o meio para essa recuperação é compreender, brincar; é se unificar com essas partes cindidas. E, deixando-a brincar e descobrir que já possui tudo aquilo (que em sua opinião só os outros lhe podem dar), aumentamos seu potencial. Colocâmo-la cada vez mais sobre suas próprias pernas (Perls citado em Walter 1977, p. 11).

No tocante ao assunto, a gestalt-terapia desenvolveu uma série fixa de técnicas, métodos e exercícios gestálticos (vide cap. 4.1).

A interpretação de formas de comportamento

Durante toda a sua vida, Freud não conseguiu esclarecer para si mesmo o sentido e a finalidade da interpretação, encontrando afinal uma descrição da mesma, que lembra acentuadamente os procedimentos de terapias verbais (Walter 1977, p. 9). Sobre a interpretação afirma ele:

Via de regra evitamos comunicar uma construção, um esclarecimento até que ele (o paciente, N. do A.), sozinho, tenha se aproximado o suficiente, para só lhe faltar dar um passo, se bem que este seja a síntese decisiva. Se agíssemos de forma diferente, assaltando-o com as nossas interpretações antes dele estar preparado para tanto, a comunicação delas ou seria inócua ou iria estimular uma forte expressão da resistência, que poderia dificultar, ou mesmo pôr em dúvida, o prosseguimento do trabalho (Freud 1971, p. 36).

Também aqui Perls deduz as conseqüências da postura indefinida de Freud: ele não acredita no sentido da interpretação já que afinal de contas o cliente é que deveria estar melhor informado a seu próprio respeito. Por isso Perls igualmente não vê sua tarefa como terapeuta em analisar e interpretar, mas em integrar, bem como em atentar para que o cliente fique no aqui-e-agora e que chegue a se dar conta do aqui-e-agora (Walter 1977, pp. 9 ss.).

O que Perls coloca no lugar da interpretação?

Perls acentua o caráter real da relação interpessoal na situação de terapia. Nela, o cliente utiliza o terapeuta, como outros seres humanos também, como tela de projeção. A técnica de Perls consiste em frustrar as expectativas do cliente, rejeitando as projeções e, por meio de métodos adequados torná-lo consciente de seu mecanismo de projeção, deixando que se torne gestalt. A nosso ver essa técnica de frustração também pressupõe uma interpretação, que o terapeuta não dá explicitamente ao cliente, mas que está implícita no seu comportamento.

Repressões

O que para Freud é reprimido no inconsciente, significa para Perls que nem tudo aquilo de que nós, como pessoas, dispomos como potencial está realmente disponível. O inconsciente, em Freud, corresponde, pois, em Perls, ao potencial não disponível. Também na colocação de um objetivo, Freud e Perls se assemelham. Ambos estão interessados na liberação das partes reprimidas ou inibidas da personalidade para desfazer medos e bloqueios constituintes da neurose. Perls diria: eliminar distúrbios de desenvolvimento ("eu vejo a chamada neurose cada vez mais como um distúrbio do desenvolvimento", citação segundo Walter 1977, p. 5), para, dessa maneira, poder desenvolver a totalidade do potencial humano. Segundo Freud o analista deve prestar atenção às seguintes duas barreiras principais: o sentimento ou a consciência de culpa do paciente e sua tendência a se autoprejudicar e se autodestruir (Freud 1971, p. 38).

O método para a eliminação das repressões

Segundo Freud o paciente deve ir se lembrando de determinadas vivências e as emoções por elas provocadas, que estavam esquecidas. Freud começa assim a terapia no *passado* do paciente. Partindo da suposição de que distúrbios nos primórdios da infância têm seus efeitos na idade adulta, a psicanálise encara o estudo aprofundado dos distúrbios no início do desenvolvimento infantil como seu objetivo central, sua missão principal.

Perls atribui aos distúrbios do desenvolvimento no aqui-e-agora muito maior significado do que a qualquer distúrbio do desenvolvimento infantil; critica a supervalorização dos traumas infantis em Freud e vê o grande erro da psicanálise no fato dela deixar valer a memória como realidade. "Eu ainda não vi um só caso de trauma infantil que não fosse uma falsificação", diz Perls (citação segundo Walter 1977, p. 6). O conceito de desenvolvimento de Perls é mais amplo que o de Freud, já que não se restringe apenas à primeira infância, mas vê o desenvolvimento como um processo contínuo de desdobramento da personalidade. Perls inicia, pois, a sua terapia do aqui-e-agora no *presente* do cliente. Freud vê, assim como Walter, só que não de maneira tão diferenciada, quando formula: "o que é consciente, só o é por um momento" (Freud, citação segundo Walter 1977, p. 8).

O encerramento de uma análise

Freud vê a chance de se alcançar pela análise um nível de absoluta normalidade psíquica, ao qual se poderia também atribuir a capacidade de se manter estável, se bem-sucedidas as soluções a todas as repressões. O que equivaleria ao paciente não sofrer mais de sintomas e de medos, bem como suas inibições estarem superadas. Outra condição para o encerramento, segundo Freud, é quando o analista julga que a repetição de certos processos patológicos não mais deve ser temida (segundo Walter 1977, p. 4).

Perls, porém, é de opinião de que não existe um estágio final de amadurecimento, mas sim um amadurecimento, se para Freud amadurecimento corresponder à normalidade psíquica. A diferença decisiva reside então em que o pensamento de Perls a respeito do crescimento se reveste de um sentido de desenvolvimento contínuo do ser humano, de um caráter de processo e, por conseguinte, é algo dinâmico. Por isso Perls prefere utilizar, ao invés dos adjetivos maduro, adulto, saudável, os verbos amadurecer, crescer, sarar.

2.2.3 Resumo e avaliação crítica

Pode-se dizer: *gestalt-terapia é psicanálise econômica.*

Os métodos específicos da gestalt-terapia aceleram muito mais rapidamente os processos de eliminação das repressões do que os praticados pela psicanálise restritos à interpretação verbal do material fornecido pelo cliente. É certo que Perls tenha se afastado da psicanálise, porém achamos errado dizer que houvesse rompido com ela por considerá-la totalmente ruim, não lhe concedendo mais nenhum valor, eis que a desenvolveu produtivamente, a modificou, porquanto descartou os elementos psicanalíticos duvidosos como, por exemplo, a libido, o instinto de morte e o papel dos traumas infantis. Perls — como se poderia demonstrar por uma série de evidências — deu o devido valor à obra e às teorias de Freud. Assim, ora fala de suas grandiosas descobertas (Perls 1978, p. 11), ora, apesar de todas as complicações teóricas e contradições, considera sua teoria da libido e sua técnica psicanalítica de um valor inestimável (*idem,* p. 104). Perls é, em muitos pontos, simplesmente mais conseqüente que Freud no que tange à aplicação do conhecimento teórico de seus princípios e hipóteses. Eis um breve resumo:

Em suma, o gestalt-terapeuta é muito ativo e diretivo em seu método. Sua técnica básica é psicanalítica, mas muitas das técnicas específicas da análise ortodoxa são por ele invertidas, uma vez que sua terapia se concentra sobre a própria consciência no presente e sobre a responsabilidade desta para com seu próprio bem-estar (Kiernan 1978, p. 227).

Walter conclui que o desenvolvimento da psicanálise no sentido de economia, segundo Freud, seria sem dúvida legítimo do ponto de vista psicanalítico e procura comprová-lo citando Freud:

... nós negligenciamos, na maioria de nossas exposições teóricas, avaliar os pontos de vista econômicos com os mesmos pesos e as mesmas medidas dos pontos de vista dinâmicos e tópicos (citação segundo Walter 1977, pp. 13 ss.).

Da mesma maneira Freud se faz entender, quando escreve em 1938 em seu *Um Esboço da Psicanálise*:

> Talvez se produzam (no futuro) outras possibilidades ainda não imaginadas de terapia; por enquanto não temos nada melhor à disposição que a técnica psicanalítica; por isso não devemos desprezá-la, apesar de suas limitações (Freud 1971, p. 40).

Devido às nossas explanações pode pois estar próxima a conclusão de se desvalorizar precipitadamente a psicanálise. Ruth Cohn, que já foi psicanalista e que no ínterim fundou sua própria escola orientada para a terapia vivencial (TZI) (compare cap. 2.6.3.2) leva-nos a refletir:

> Devemos aprender a levar em conta quais as técnicas, em relação a determinado paciente e em que momento poderiam ser mais eficientes (Cohn 1975, p. 77).

Isso significa que diferentes técnicas terapêuticas, para diferentes pacientes, em momentos diferentes, podem ser de maior ou menor adequação. Essa possibilidade se baseia na hipótese que ela formula em seu trabalho "Terapia de Grupo Psicanalítica e Vivencial — uma Falsa Dicotomia":

> Todas as intervenções terapêuticas concretas dão início a processos de cura, que influenciam a personalidade do paciente. Isso ocorre quando o estímulo oferecido facilita-lhe reconhecer qualquer parte essencial de sua realidade pessoal, da qual havia anteriormente se isolado ou que parecia distante do seu ser.
>
> Tais processos de cura se verificam quando o paciente experiencia algo que o ajuda a:
>
> 1. pôr de lado aberrações dos seus universos perceptual e de idéias;
>
> 2. dar novo conteúdo emocional a áreas de sua personalidade anteriormente pouco valorizadas ou atrofiadas e
>
> 3. a partir de uma imobilidade existente chegar à mobilidade física.

Para um testemunho consistente sobre a eficácia dos diferentes procedimentos terapêuticos faltam até o momento as correspondentes provas empíricas.

Se supusermos que tanto a gestalt-terapia quanto a psicanálise levam a alterações positivas no paciente, falará sempre pela gestalt-terapia o aspecto econômico.

2.3 A CONTRIBUIÇÃO DE WILHELM REICH: A ÊNFASE DA DIMENSÃO CORPORAL

Wilhelm Reich influenciou através de sua teoria da couraça muitos terapeutas contemporâneos de orientação vivencial. Para ele a ênfase nos processos corporais, principalmente a concepção de que a neurose se externaria em tensão muscular, ficava em primeiro plano:

> Reich acreditava que o caráter não era uma manifestação da personalidade, mas se constituiria de camadas de resistências ou mecanismos de defesa, como se houvesse uma couraça ao seu redor, que precisaria ser removida antes da terapia poder começar. A couraça se revelaria na constituição física, em outras palavras, o corpo humano é o retrato físico da psique e o terapeuta só pode chegar ao psíquico através do corpo (Kiernan 1978, p. 210).*

Por isso a terapia em Reich começa primeiramente com o afastamento dos mecanismos de defesa corporais. Igualmente nele encontramos uma supervalorização da sexualidade. O critério para considerar uma terapia bem-sucedida é, em Reich, a potência orgástica totalmente desenvolvida. Portanto, sua terapia tende a ser uma terapia sexual.

Perls assinala a importância de Reich em relação à gestalt-terapia:

> Wilhelm Reich foi o primeiro a chamar minha atenção para um aspecto extremamente importante da medicina psicossomática: a função da musculatura como couraça (Perls 1978, p. 9).

Com isso ele estabelecera a "psicologia das resistências sobre um fundamento neutro" (vide p. 11).

Perls toma emprestada em sua terapia a indicação de Reich sobre as resistências como manifestações corporais. Não se trata na gestalt-terapia apenas de uma realização puramente intelectual, mas também de uma realização corporal. Quando alguém diz, por exemplo, estar triste e, ao mesmo tempo, ri, o terapeuta chamará sua atenção para o fato, isto é, a dificuldade em aceitar sua tristeza. Aqui superam-se certos pontos fracos da psicanálise. Ruth Cohn explicita:

> Na tradição psicanalítica o ser humano é visto como uma unidade corpo-mente. Mas tanto a psicanálise quanto a medicina psicossomática trabalharam de maneira dualística, apesar de teoricamente orientadas para a unidade; abordaram o ser humano sob o aspecto psicológico e não utilizaram sistematicamente sua capacidade de percepção consciente do próprio corpo (Cohn 1975, p. 16).

---

* Compare Reich, 1972, especialmente cap. IX pp. 226-272.

Em outro trecho, continua:

A análise de sensações sem um profundo conhecimento a respeito dos aspectos corporais tem origem em um preconceito inconsciente e contrário ao corpo, o que corresponde à renúncia de um de seus melhores elementos norteadores (*idem*, p. 17).

2.4 EXISTENCIALISMO COMO FUNDAMENTAÇÃO FILOSÓFICA DA GESTALT-TERAPIA

Ao questionarmos sobre as bases filosóficas da gestalt-terapia devemos ter em mente tratar-se de um projeto aberto, em fase de desenvolvimento.

Uma vez que se toma o curso da gestalt-terapia como parte do movimento da "psicologia humanística" (Bühler/Allen 1974) que abrange diferentes conceitos teóricos e práticos, os limites entre ela e estes são fluidos. Por isso só podemos esboçar a base filosófica comum, considerando que as mais diversas correntes estão contidas no desenvolvimento.

A gestalt-terapia bem como a psicologia humanística são decisivamente influenciadas pelo existencialismo, especialmente pelos existencialistas franceses (Camus, Sartre, Marcel, Merleau-Ponty).

Os conceitos gestálticos centrais, como por exemplo, concentração sobre o ser concreto, concentração sobre a existência individual em relação a outros, auto-responsabilidade, possibilidades de escolha significativa etc., são também base dos existencialistas franceses. Eis, brevemente, os sete princípios básicos dos existencialistas como Störig ([6] 1974, vol. 2, p. 293) os resumiu:

(1) Por existência os existencialistas entendem a existência do ser humano. O ser humano é o centro, portanto, essa filosofia é "humanística". Este ponto de partida a "psicologia humanística" e a gestalt-terapia têm em comum (o ser humano no centro).

(2) "Existência é sempre existência individual". Nesse sentido a filosofia existencialista é subjetiva. A ênfase na existência individual concreta, na experiência individual é um princípio gestáltico. No caso de Fritz Perls já se pode falar de individualismo, como em nossa opinião também se torna evidente na "prece da gestalt".*

(3) O ser humano não pode ser medido em categorias materiais. Ele é sua própria medida. Não possui, como por exemplo os objetos, características

---

* A "prece da gestalt" diz: "Eu sou eu / Você é você / Eu não estou neste mundo para satisfazer suas expectativas / E você não está neste mundo para satisfazer as minhas". (Perls 1977, p. 163).
Ruth Cohn (1975) chamou a atenção de que aqui se expressa a ideologia americana do "do your own thing".

definidas, ele é que se faz. Aqui se torna evidente o princípio da auto-responsabilidade e da possibilidade da própria pessoa dar forma à sua existência. Uma clara limitação em relação aos conceitos biológicos behavioristas.

(4) Quanto ao método, os existencialistas são fenomenólogos. Diferentemente de Husserl, entretanto, eles não estão tão preocupados em encontrar "substâncias" pessoais e é a existência concreta que está em primeiro plano em suas observações. Conceitos como o estar consciente, o aqui-e-agora, a ênfase no "como" ao invés do "por que", têm uma indiscutível importância.

(5) "A filosofia existencialista é dinâmica". A existência é compreendida não como ser imutável e sim como ser no tempo. O princípio dinâmico é um outro marco para a abordagem de gestalt.

(6) A existência humana é sempre um "ser(estar)-no-mundo" e é sempre um "ser (estar)-com-os-outros". Nesse sentido, a psicologia existencialista não é individualista. Essa afirmação não representa de modo algum contradição ao segundo fundamento, pois os existencialistas tomam a existência humana como unidade com dois pólos: "existência humana como existência individual" e "existência humana como "ser-(estar)-no-mundo-com-os-outros". Nesta altura depara-se com um problema específico da gestalt-terapia. O perigo do individualismo está, em nossa opinião, muito próximo na abordagem de Perls, especialmente no seu trabalho prático. Assim, em Perls, a ênfase no "estar-com-os-outros" é prejudicada.

(7) O pensamento da psicologia existencialista reveste-se de um cunho muito pessoal e determinado pela vivência. O que é também característica da psicologia humanística.

Sartre e Camus chamam constantemente a atenção sobre a auto-responsabilidade do ser humano. O ser humano é seu próprio Deus, seu próprio criador. Encontra-se condenado à liberdade. Depende dele próprio fazer algo dessa liberdade. Em especial a ênfase de Camus sobre as possibilidades do ser humano levar uma vida positiva cunhou a visão otimista dos psicólogos humanistas (vide Bühler/ Allen 1974) e também a gestalt-terapia.

O existencialismo é, em nossa opinião, um importante movimento contrário às filosofias que supervalorizavam a sujeição dos seres humanos a instâncias sobre as quais não poderiam exercer influência. Assim como do idealismo se desenvolveu sua antítese, o materialismo, encontrando no marxismo uma forma diferenciada, na qual idealismo e materialismo, segundo o duplo sentido de Hegel, estão eliminados, vemos o existencialismo como um projeto contrário. Por isso compartilha dos pontos fracos que acompanham tais tipos de projetos:

• Seu mérito é o de ter aguçado a visão do ser humano para suas possibilidades de escolha e para a importância de sua existência individual concreta.

• Sua falha consiste justamente na supervalorização dessas possibilidades de escolha e na inadequada reflexão das condições sociais como as oferecidas pelo marxismo.

A concepção existencialista se presta, por isso, a uma ligação com os princípios marxistas. Um gestaltpedagogo holandês, Thijs Besems, empreendeu essa abordagem. Em seu artigo "Reflexões sobre o Ensino Intersubjetivo na Pedagogia Integrativa" * (em Petzold/ Brown 1977, pp. 45-75), utiliza categorias existencialistas e as problematiza, tendo como fundo a sociedade capitalista:

A abordagem da gestalt acentua acertadamente a auto-responsabilidade, a possibilidade de escolha, o agir e o mudar ativos. Existe, porém, o risco de que a inclusão de fatores sociais seja preterida. No exemplo da "liberdade incondicional" de Sartre, essa idéia pode ser exemplarmente mostrada: "como oposto ao ponto de partida da liberdade incondicional de Sartre, creio que devamos partir de uma liberdade limitada" (*idem*, p. 50). A limitação pode ser encontrada nas condições físicas ou sociais, como, por exemplo, na dependência social, nos direitos restritos à liberdade e assim por diante. As inter-relações entre as possibilidades de escolha ligadas ao individual e ao social devem ser mais enfaticamente consideradas para se escapar ao risco de um subjetivismo.

2.5 A DELIMITAÇÃO DA GESTALT-TERAPIA EM RELAÇÃO AO BEHAVIORISMO

O behaviorismo, segundo Klaus Holzkamp (1973) "uma psicologia burguesa", examina o comportamento (reações) das pessoas e animais por influência (estímulo) do meio ambiente. Sua base é um modelo estímulo-resposta. Para esclarecermos a terminologia do behaviorismo, salientamos que o termo "comportamento" *não* significa unidade de atividades psíquicas e físicas do ser humano, mas a reação dos organismos humanos ou animais ao meio ambiente.

Para os behavioristas só o que se observa do comportamento humano possui significado científico: sentimentos, pensamentos, todos os processos "internos" são subjetivos, não podendo ser medidos objetivamente e, portanto, não científicos. (Frech *et al.* 1978a, p. 2).

O behaviorismo encara toda a afirmação que ultrapasse a descrição do comportamento observável externamente como não científica. Contesta, conseqüentemente, a validade científica de afirmações sobre tópicos como consciência, sentimentos e sensações. Tais afirmações são para ele testemunho de uma concepção religiosa da alma (psique).** Contesta a possibilidade da consciência tornar-se

---

* "Überlegungen zu intersubjektivem Unterricht in der Integrativen Pädagogik". (N. do T.).
** Em alemão "religiöser Seelenvorstellungen". (N. do T.).

43

objeto de investigações científicas e defende a tese de que na pesquisa psicológica o comportamento deveria tomar o lugar da consciência.

Lashley, um representante do behaviorismo, opina que a existência da consciência não pode ser comprovada, sendo não científica a introdução do conceito consciência para a explicação do comportamento. Watson, considerado fundador do behaviorismo, afirma que a existência da consciência não pode ser colocada em dúvida, sendo impossível formular afirmações científicas a esse respeito. Dessa forma, Lashley e Watson representam, cada qual, uma corrente dentro do behaviorismo.

Característico do método behaviorista é o combate *a priori* de qualquer especulação mística sobre o esforço do organismo em atingir metas, forças vitais secretas ou fenômenos parecidos. Apóia-se somente sobre comportamentos *observados objetivamente e mensuráveis*. (Klaus/Buhr 1972, vol. 1, pp. 181 ss.).

O que a psicologia humanística, especificamente a gestalt-terapia, critica no behaviorismo?

O behaviorismo trouxe avanços decisivos no campo da pesquisa das condições e formas de mudanças de comportamento (compare Drever/Fröhlich [5]1971, p. 62) e continua exercendo grande influência sobre teorias de aprendizagem e aprendizado em geral e, especialmente, sobre escola e ensino. É notório o seu parentesco com os modelos didáticos teóricos informativos e sistemáticos e com a cibernética pedagógica.

O principal ponto de crítica da gestalt-terapia em relação ao behaviorismo reside no fato do ser humano não ser visto como um todo. Em conseqüência, são negligenciados os *processos internos* e as *fantasias* do ser humano — não tão facilmente observáveis, quanto mais mensuráveis — apesar de se encontrarem em elevado grau num relacionamento múltiplo e alternante com o comportamento aparente da pessoa. A essa posição a gestalt-terapia contrapõe a concepção do ser humano como uma unidade espírito-corpo-psique e justificadamente pergunta onde fica o ser humano com todos os sentimentos e sensações como medos, raiva, desespero, solidão, desamparo (Frech *et al.* 1978a, p. 2), que sob o aspecto da aprendizagem e da gestalt-terapia são de grande significado pois influenciam o processo de aprendizagem, tanto negativa quanto positivamente. Por isso, a gestalt-terapia critica o behaviorismo como sendo elementarista, reducionista e mecanicista. A grande falha do behaviorismo é, portanto, negligenciar com seu modelo estímulo-resposta muitos aspectos importantes da psicologia, como por exemplo, estados internos, interesses, valores, fantasias, só porque não conseguiu achar instrumentos científicos adequados para a pesquisa desses fenômenos. A gestaltpsicologia colocou — e a gestalt-terapia seguiu seu exemplo — entre estímulo e resposta a organização perceptiva do organismo, considerando a reação como determinada pela percepção (Neel 1975, p. 343).

Portanto, o grande mérito da gestaltpsicologia e da gestalt-terapia foi terem elas arriscado uma aproximação a estes fenômenos de difícil compreensão, mas extremamente importantes para a essência do ser humano como consciência, interesse, necessidade, valores, fantasias, medos, ainda que inicialmente pelo caminho da especulação e formulação de hipóteses "não científicas" sujeitas ainda não só à verificação empírica como à falsificação.

2.6 A PSICOLOGIA HUMANÍSTICA COMO SUPERESTRUTURA FILOSÓFICO-POLÍTICA DA GESTALT-TERAPIA

A psicologia humanística tornou-se nos últimos anos repositório de uma infinidade dificilmente distinguível de terapias e conceitos de vida: da bioenergética ao bhagwan, da interação centrada no tema e análise transacional até a gestalt-terapia transpessoal e tai-chi. Todas essas formas trazem em comum a idéia da vida humana*. Cabe aqui explicar primeiramente o que se deve entender por psicologia humanística para, então, apontar os pontos problemáticos. Finalmente devem ser apresentadas a terapia verbal segundo Rogers e a interação centrada no tema (ICT) segundo Ruth Cohn, duas formas significativas para a gestaltpedagogia, pois contribuíram com muitas idéias sensatas, estímulos e conceitos.

2.6.1 O que é psicologia humanística?

A gestalt-terapia deve ser considerada como agregada à escola da psicologia humanística. Apresentaremos agora as causas de seu aparecimento, suas origens espirituais, seus conceitos teóricos e seus significados.

Nome e causas do aparecimento

Por insatisfação com as duas psicologias predominantes — psicanálise e behaviorismo — a psicologia humanística se desenvolveu

---

* Vide relato sobre a 2.ª Conferência Européia de Psicólogos Humanistas, julho de 1978 em Genebra, em *Psychologie heute*, caderno 11/1978, pp. 32-37.

como movimento de protesto dentro da psicologia (Frech *et al.* 1978, p. 2). Segundo Abraham Maslow (1973)* fazia-se necessário um novo impulso para se poder combater efetivamente o sentimento de desumanização e a massificação do indivíduo no século 20. Em 1962 fomentou a fundação de uma organização que representasse o que ele via como a "terceira força" dentro da psicologia, entre a psicanálise e o behaviorismo. Ainda no mesmo ano foi fundada nos Estados Unidos a sociedade para a psicologia humanística.

As raízes espirituais

As raízes espirituais e históricas da psicologia humanística são o humanismo e o existencialismo. Serão feitas algumas citações para ilustrar os paralelos, os pontos em comum e as abordagens do pensamento entre humanismo, existencialismo e psicologia humanística.

Foi própria do *humanismo* a concepção de que poderiam haver opiniões e interpretações diferentes sobre uma mesma coisa. Conseqüentemente respeitou em alto grau o pensamento independente. Para o humanista Erasmo de Roterdã o livre-arbítrio revestia-se de grande significado. Ele o entendia como a capacidade da vontade humana de se *decidir* ou não pelo caminho que leva à salvação eterna (Bühler/Allen 1974, pp. 19-28).

Kierkegaard, considerado o fundador do atual existencialismo, constata que o significado que o fato objetivo tem para o ser humano depende de seu relacionamento com esse fato e levanta a necessidade da *participação interior*. Segundo ele, a situação básica do ser humano é determinada por necessidades nas quais serão precisas *escolha* e *decisão*. Os fundamentos éticos não só determinam como ele avalia uma situação; são muito mais um fator ativo no processo de decisão. Sartre coloca a *escolha* como sendo o aspecto mais importante da vida humana.

Camus dá grande valor ao *vivenciar o momento,* considerando que o ser humano estaria apto a alcançar a salvação, criando-a de momento em momento.

Ao ver dos humanistas, o ser humano é ativo e positivo, vive conscientemente a sua existência. A importante concordância entre o existencialismo e a psicologia humanística consiste no fato de ambos opinarem que a filosofia, devendo ser levada a sério, necessita ser vivida, ou seja, contrapõem a vida não autêntica à vida autêntica (*idem,* p. 48).

---

* Maslow parte do princípio de que o ser humano não é mau por natureza, mas bom ou, no mínimo, neutro. Concebe a psicologia do ser e do tornar-se, como as categorias positivas da saúde, da auto-realização, do crescimento e da perfeição.

Se considerarmos as quatro teses centrais da psicologia humanística, mencionadas no próximo item, tornar-se-ão claros os parentescos, paralelos e fatos em comum entre os modos de pensar do humanismo, do existencialismo e da psicologia humanística. O humanismo e, especialmente, o existencialismo formam a base filosófica da psicologia humanística e é exatamente aí que existe uma importante diferença em relação a outras escolas psicológicas, qual seja, o fato da psicologia humanística enfatizar as teorias filosóficas sobre o ser humano.

Dois fatores atuam no movimento humanístico contemporâneo: um é a crítica às metodologias rígidas e o afunilamento da pesquisa sobre áreas e modelos predeterminados; outro é a concentração sobre como o ser humano vivencia sua existência.

Os conceitos teóricos e fundamentais

A psicologia humanística é um sistema aberto, ou seja, ainda não é um constructo fechado de idéias e nem quer se tornar fechado no sentido de um estágio final. Por isso não falamos aqui da teoria da psicologia humanística mas, sim, dos conceitos teóricos da psicologia humanística. Esses fragmentos teóricos devem ser reunidos e, tanto quanto possível, ordenados de modo a formar um todo sistemático e inter-relacionado.

Concordância ampla, se bem que não irrestrita, existe entre os representantes e adeptos da psicologia humanística, que atraiu seguidores de diferentes disciplinas e de variadas origens (*idem*, p. 7), quanto às quatro teses centrais seguintes:

(1) No centro das atenções está a *pessoa que vivencia*. Assim, a vivência como fenômeno primário no estudo do ser humano é colocada no centro. As explicações teóricas, bem como o comportamento observável, são considerados secundários à luz do vivenciar e seu significado para o ser.

(2) A ênfase é dada às características especificamente humanas, como a *capacidade de escolher, a criatividade, avaliação e auto-realização*, em contraposição a uma concepção mecanicista e reducionista do ser humano.

(3) A escolha das questões e dos métodos de pesquisa é ditada pelo *sentido* dos fatos, em contraposição à ênfase na objetividade em detrimento do sentido.

(4) A preocupação central é a manutenção do valor e da dignidade do ser humano, existindo o interesse pelo *desenvolvimento das forças e capacidades inerentes a todo ser humano*. Nesse sentido o ser humano assume, no descobrimento do seu eu, no seu relacionamento com os demais entes humanos e com grupos sociais, uma posição central (*idem* p. 7).

Citamos detalhadamente as quatro teses centrais principais, pois em nosso modo de ver colocam de forma curta e abrangente sobre um denominador comum o que representa a psicologia humanística. O esforço de pesquisar e compreender a *pessoa como um todo* é o lema central da psicologia humanística sobre o qual existe um consenso entre os psicólogos de orientação humanística (*idem*, p. 29). Pesquisar e compreender a pessoa como um todo não quer, pois, dizer encará-la como um ser *apenas* psíquico, ou apenas *espiritual*, ou *apenas* corporal, mas compreendê-la como uma unidade psique-corpo-espírito, tendo sempre em mente a relação de influências recíprocas e dinâmicas entre corpo, psique e alma. Como derivação conseqüente do tema fundamental, encara-se a vida humana como um todo. A psicologia humanística é de opinião ser necessário conhecer *toda* a vida do ser humano se se quiser entendê-lo como um todo (*idem*, p. 41).

Além disso, supõe que a vida do ser humano saudável reveste-se de um objetivo pessoal, mesmo que isso possa ficar inconsciente e não seja a razão e o referencial de suas ações. Esse objetivo, entretanto, no seu modo de ver, pode sempre ser descoberto.

A psicologia humanística admite *quatro tendências básicas no ser humano,* que se mantêm reciprocamente relacionadas:

(1) Tendência a procurar satisfação pessoal em sexualidade, amor e no reconhecimento do ego.
(2)· Tendência à adaptação autolimitante com vistas à participação e segurança.
(3) Tendência à expansão criadora.
(4) Tendência à integração e manutenção da ordem interna (*idem*, p. 54).

O eu * é visto como o centro da pessoa, como a origem de todas as metas que o indivíduo se coloca. Sob esse aspecto, o eu é visto como sujeito e não, segundo a psicanálise, como objeto (*idem*, p. 50)**. A psicologia humanística parte do princípio de que a pessoa sadia possui um objetivo final na vida.

2.6.2 Crítica à psicologia humanística

A psicologia humanística tem sido duramente criticada de diversos lados. Carl Friedrich Graumann, por exemplo, considera

---

* Em alemão "Selbst", com sentido idêntico ao *self* no idioma inglês. (N. do T.).
** "O eu como centro da pessoa é, tal como pensamos, aceito consensualmente pelos psicólogos humanistas. Diferencia-se da forma psicanalítica como objeto, ou seja, algo que só é construído pela auto-reflexão e que só pode ser percebido como um todo pela psique daquele que reflete. Esse eu profundamente interno ou "sistema central" é a origem de todas as metas que o indivíduo se coloca. A concepção mais moderna é a humanística, na qual o eu é considerado como sujeito."

que a prática da psicologia humanística estaria voltada, em analogia com os humanistas renascentistas, à criação ou consolidação de uma camada de privilegiados. A imagem do ser humano da psicologia humanística, em comparação com o contemporâneo médio, apresentar-se-ia como não realista. Graumann coloca a questão sobre qual, enfim, o significado de humanista e de que tipo de humanismo se estaria falando (Graumann 1977, pp. 40 ss.).

Fala-se do humanismo clássico do fim da Idade Média, ou do humanismo neo-clássico da filosofia idealista alemã, ou a visão marxista de humanismo estaria por trás? Na realidade, não encontramos nos representantes da psicologia humanística, *em lugar algum,* afirmações claras e *inequívocas* sobre o que consideram humanismo.

Para Charlotte Bühler, o humanismo clássico é caracterizado como *uma* das raízes espirituais e históricas da psicologia humanística (Bühler/Allen 1977, pp. 20 ss.). Völker resume da seguinte maneira a compreensão humanista da psicologia humanística:

A psicologia humanística acredita poder criar um mundo humano mais digno, humanizando individualmente o "ser humano": só quando o indivíduo puder se desdobrar e desenvolver inteiramente é que também a sociedade se tornará mais humana (Völker 1977, pp. 34 ss.).

O futuro desenvolvimento prático e teórico da psicologia humanística deverá nos mostrar se com isso surgirá um humanismo no sentido de uma reedição de ideais de formação e cultura clássicos e elitistas, ou no sentido de um voltar-se para o ser humano na sua existência *cotidiana.* Os conceitos teóricos, tal como os encontramos no momento, deixam as duas possibilidades em aberto.

Por isso é decisivo como cada psicólogo de orientação humanística ou gestalt-terapeuta lida com os conceitos teóricos, com os fundamentos e métodos da psicologia humanística e da gestalt-terapia. Depende das exigências feitas no estabelecimento das metas e dos conceitos serem ou não cumpridas na prática concreta.

Hans Thomae (1977, pp. 46 ss.) vê o perigo de um novo "beco sem saída" caso a psicologia não se preocupe primeiramente com a "incansável obervação do comportamento humano nas situações cotidianas", com "o homem na rua".

É real o perigo de uma prática individualizante que tenha como objetivo proporcionar a grupos já socialmente privilegiados, alívio e "reparos" de dificuldades, resultantes de um processo de trabalho alienante, sentido como fardo. Dessa maneira a psicologia humanística iria degenerar num espaço aparentemente alheio ao social, no qual se pode brincar de "mundo são". Exemplos de tal prática restaurativa podem ser tirados da leitura do "manager magazin" onde, por exemplo, Reinhard Tausch oferece técnicas orientadas no sentido da psicoterapia verbal para a melhoria do ambiente na empresa, sem refletir contradições antagonísticas (Gottschall 1978, pp. 78-82)*. Psicologia humanística então como argamassa social contra uma ameaçadora perda de sentido em países capitalistas desenvolvidos?

Achamos que devemos incluir as críticas apresentadas como pontos de vista importantes no julgamento da psicologia humanística. Entretanto, é nossa opinião que isso não muda o fato de que o novo acesso dos psicólogos de orientação humanística representa um importante passo no desenvolvimento da prática e da teoria e da psicologia: o "fator subjetivo" (Horn 1972)** é levado a sério aqui e trabalhado como em nenhuma outra direção científica psicológica. Hermann Gudjons está certo, em nossa opinião, quando expõe:

> Começar pelo fator subjetivo não quer dizer ficar restrito a ele. Mas a sua inclusão consciente nos processos de emancipação individual e coletiva significa, em segundo lugar, também levar a sério este que seria o nível "mais baixo" do desenvolvimento de competência concreta e interacional. Sem a percepção social desenvolvida, sem a capacidade de relacionamento no trato com outras pessoas, sem a análise diferenciada dos próprios âmbitos da personalidade com o objetivo de autodesenvolvimento, auto-responsabilidade e auto-aceitação, sem a capacidade de participação consciente nos processos de regulação em grupos por meio de *feedback* recíproco, sem a capacidade crítica de reflexão de processos de cooperação, de decisão e de processos grupais, ou seja, sem uma competência interacional abrangente do ser humano individual, todas as tentativas necessárias de conciliar a dimensão da história de vida concreta, bem como o plano do aqui-e-agora com o contexto da totalidade social e de colocar a auto-reflexão numa relação dialética com a ação e a antecipação de uma sociedade mais humana, ficarão sem uma base adequada (Gudjons 1978, p. 14).

Para um tal desenvolvimento de competência as diferentes tendências da psicologia humanística dão suas contribuições. Assim, a questão do caráter emancipatório da psicologia humanística não é, sob o nosso ponto de vista, mensurável tão-somente pelas divulgações teóricas, mas sim pela prática concreta, e esta varia naturalmente de terapeuta para terapeuta, em grande intensidade.

---

* Totalmente sem reflexão, Tausch procura criar na empresa um "clima melhor". Seguindo o lema "o chefe é apenas um ser humano", tenta-se alcançar uma grande abertura. Não se leva em conta o fato de que a grande parte dos medos dentro da empresa advém de dependências e ameaças reais (por exemplo, demissões). Assim não se pode almejar uma relação horizontal tão-só por dinâmica de grupo. No nosso entender as pessoas são enganadas.

** Klaus Horn define "fator subjetivo" assim: "como 'fator subjetivo' deve ser entendido provisoriamente aquilo que durante a socialização dos sujeitos se forma em termos de comportamento de estrutura e dinâmica relevantes" (*idem*, p. 8).

Para a gestalt-terapia como parte do movimento humanista teoricamente vale, em todo caso, a afirmação de Gudjons:

> A crítica de que a abordagem da gestalt seria associológica e apolítica e, pelo menos segundo a teoria da gestaltpsicologia, não passível de ser totalmente verificada, pois toda "figura" só forma um todo com o seu fundo que, por sua vez, pertence a uma cadeia figura-fundo escalonada, que chega até as condições econômicas, culturais e históricas... o ponto de partida é um só, porém "creative change" e "creative adjustment" referem-se sempre às condições de vida (*idem*, p. 21).

No todo, então, é preciso que seja melhor trabalhado: a psicologia humanística representa, considerando o fator subjetivo, um método para o desenvolvimento da competência, bem como, de modo mais geral, um método para o desenvolvimento das habilidades do ser humano. Como tal ela presta, primeiramente a nível individual, uma contribuição para a mudança social que, aliás, deve resultar em estratégias coletivas para alcançar uma relevância na sociedade em geral.

2.6.3 Formas de psicologia humanística

2.6.3.1 Terapia verbal

Expomos aqui a terapia verbal de Rogers não por ele ser um dos principais representantes da psicologia humanística ou por motivos de apresentarmos um todo, mas porque ele aplica teorias de sua terapia verbal centrada no cliente ao ensino escolar e à instrução* e em virtude de seu método de aprendizagem "não diretiva" ser de grande interesse para a segunda parte deste livro, onde é dada ênfase à gestaltpedagogia. A terapia verbal centrada no cliente foi desenvolvida por Rogers no início dos anos quarenta. Suas hipóteses fundamentais são:

(1) A condução direta do cliente pelo psicoterapeuta, sob a forma de conselhos, recomendações, instruções etc., age de forma desfavorável sobre a diminuição de seus psiconeuroticismos.

(2) A dedicação do psicoterapeuta aos sentimentos do cliente e a aceitação compreensiva destes são elementos essenciais de alterações construtivas no cliente durante a conversa.

(3) A psicoterapia como evento de interação entre duas pessoas é fundamentalmente pesquisável de forma empírica (vide Tausch/Roedler 1970, p. 310).

---

* Em alemão "Ausbildung" tem um sentido abrangente, significando formação, preparação, instrução, desenvolvimento, aperfeiçoamento. (N. do T.).

Segundo Rogers, as seguintes três variáveis no comportamento do terapeuta são condições necessárias e suficientes para alterações construtivas na personalidade do cliente:

(1) Avaliação positiva e calor emocional
(2) Compreensão empática
(3) Autenticidade e autocongruência (*idem*, pp. 314 ss.).

Tal avaliação positiva e calor emocional estão presentes em grande escala quando o psicoterapeuta *aceita* aquilo que o cliente está vivenciando e expondo, sem fazer a aceitação e o calor dependentes de condições. A única restrição consiste na necessidade do cliente falar sobre material pessoal relevante.

A segunda variável, comportamento empático, significa que o psicoterapeuta verbalize os conteúdos vivenciais pessoais-emocionais do cliente, como este os externara imediatamente antes. Trata-se de mostrar compreensão pelo ponto interno referido pelo cliente e do esforço de lhe sinalizar tal compreensão.

A exigência de autenticidade e de autocongruência significa que as manifestações do terapeuta deveriam ser coerentes com sua própria vivência interna, isto é, que ele seja ele mesmo.

Agora, vejamos algumas variáveis que a terapia verbal se esforça por conseguir do cliente:

(1) Auto-exploração
(2) Experienciação através de vivência (*Experiencing*)
(3) Aceitação da própria pessoa e de outras pessoas
(4) Aumento da consciência de responsabilidade e da maturação pessoal
(5) Alteração de características lingüísticas (evitar "a gente", "pois é", "mas"...)
(6) Exteriorização de conteúdos vivenciais atuais (*idem*, pp. 321-324).

O cliente demonstra um alto grau de auto-exploração quando descreve vivências internas especificamente pessoais.

Com *Experiencing* quer-se dizer que o cliente não fica sabendo ou aprende certas formas de comportamento ou de vivenciar devido a informações racionais ou processos cognitivos, mas por vivenciar e experienciar espontâneos durante a psicoterapia. *Experiencing* reside no processo de vivência segundo os sentimentos e não segundo a elaboração racional de problemas.

As alterações da personalidade por meio de terapia verbal ocorrem pela experienciação no *presente* através do vivenciar espontâneo *durante* a terapia, mesmo que o motivo do problema do cliente deva ser procurado em sua tenra infância (*idem*, p. 323; grifos do autor).

Em comparação com a gestalt-terapia, a terapia verbal é menos diretiva. Trata-se para o terapeuta de evocar o universo sensorial e emocional do cliente. A cura já se processa pelo sinalizar da compreensão. Frente a isso o gestalt-terapeuta tenta encontrar métodos que lhe possibilitem tornar clara ao cliente a estrutura das aberrações de sua percepção. Essas colocações diferentes de ênfase aumentam nosso conhecimento sobre a psique do ser humano em vários aspectos importantes para as práticas terapêutica e pedagógica.

2.6.3.2 Interação centrada no tema (ICT)

A ICT será apresentada em seus aspectos principais, pois dada a importância de sua aplicação no ensino escolar será retomada mais adiante na parte gestaltpedagógica. Ela é a única forma de psicologia humanística por nós conhecida que tenta explicitamente criar uma ligação entre promoção da personalidade *e* aprendizado. A ICT prega a exigência de que se possibilite um aprendizado "vivo" em contraposição ao freqüente aprendizado "morto".

A ICT foi desenvolvida por Ruth Cohn. Segundo suas próprias palavras, ela trabalhou durante trinta anos no processo histórico de interações pessoais e espirituais, num experimento sistemático que pudesse incluir no ensino e em outros grupos de comunicação elementos pedagógico-terapêuticos. A ICT resultou desse trabalho. (Cohn 1976, p. 7).

Certa vez ela mesma definiu a ICT assim: "a ICT é uma combinação entre aprender uma certa matéria e promoção de personalidade" (Cohn, citada em Petzold/Brown 1977, p. 89).

Diz ainda: "a ICT ensina exclusivamente a autocondução e a condução grupal" (Cohn 1976, p. 8).

A *base filosófico-terapêutica* da ICT é constituída pela psicanálise (Ruth Cohn é psicanalista formada) e pela gestalt-terapia segundo Fritz Perls.

São característicos do pensamento de Cohn:

- o ser humano é um todo de percepção, sentimento e pensamento
- a existência psicossomática do ser humano integra passado e futuro no momento vivo e repleto de significado
- o ser humano subordina-se a certas leis causais, tendo porém, ao mesmo tempo, a possibilidade de livre escolha
- o ser humano é ao mesmo tempo um ser individual (autarquia biológica), um membro da sociedade humana (dependência social) e uma parte do universo
- esta simultaneidade leva-nos a conflitos e, conseqüentemente, à necessidade de um constante ajustamento dos equilíbrios interno e externo.

Disso Ruth Cohn conclui que somos todos ao mesmo tempo autônomos e interdependentes (em: Petzold/Brown 1977, pp. 89 ss.).

De seus fundamentos filosóficos básicos, Ruth Cohn deriva *dois postulados existenciais*:

(1) seja seu próprio *Chairman* (superior)

(2) distúrbios têm primazia (fique atento a obstáculos no seu caminho, aos seus próprios e aos dos outros).

O primeiro postulado contém claramente a solicitação para uma educação com vistas à auto-responsabilidade, para o assumir das parcelas individuais de problemas e para a nitidez sobre o próprio querer.

No segundo postulado encontra-se a opinião de que sem uma atenção aos distúrbios e, se possível, uma eliminação desses distúrbios e bloqueios, o crescimento pessoal e com isso também o aprendizado ficam dificultados ou mesmo impedidos.

A "teoria" do triângulo dinâmico

Para Cohn existem em toda a situação de grupo três fatores de importância decisiva:

- o eu (= a personalidade individual daquele que aprende)
- o nós (= a ação conjunta comunicativa de todos que aprendem, incluído o facilitador)
- o aquilo * (= o tema, a tarefa do grupo).

Alternadamente dominam o eu, o nós ou o aquilo/tema. A tarefa do facilitador é então a de obter o melhor equilíbrio dinâmico possível entre as solicitações do eu, do nós e do aquilo/tema.

Esse constante equilibrar dinâmico é a concepção central da ICT. Podemos imaginar figuradamente os três fatores como sendo os vértices de um triângulo e esse triângulo, a seu turno, envolvido por uma esfera que representa o ambiente no qual o grupo se encontra.

Esse ambiente consiste no tempo, no lugar e nas suas realidades históricas, sociais e teleológicas. A ICT se ocupa das relações mútuas entre os três vértices do triângulo *e* de sua colocação na esfera (Cohn 1976, pp. 113 ss.).

---

* Em alemão "Es". (N. do T.).

Como ajuda para melhor alcançar esse equilíbrio, Cohn propõe *dez regras técnicas de auxílio*.

(1) Represente você mesmo em suas afirmações; diga eu e não nós ou a gente.

(2) Quando você fizer uma pergunta, diga por que pergunta e o que a sua pergunta significa para você. Faça afirmações e evite a entrevista.

(3) Seja autêntico e seletivo em suas comunicações. Torne consciente o que você pensa e sente e escolha o que você diz e faz.

(4) Contenha-se tanto quanto possível de fazer interpretações dos outros. Ao invés disso, procure colocar as suas reações pessoais.

(5) Seja comedido com generalizações.

(6) Quando você disser alguma coisa sobre o comportamento ou sobre a característica de um outro participante, diga também o que significa para você que ele seja assim como ele é, isto é, como você o vê.

(7) As conversas paralelas têm precedência. Elas atrapalham e na maioria das vezes são importantes. Elas não ocorreriam se não fossem importantes. (Talvez vocês gostassem de nos contar sobre o que conversam?)

(8) Só um de cada vez, por favor.

(9) Quando mais de um quiser falar ao mesmo tempo, entendam-se por meio de palavras-chave sobre o que pretendem falar (*idem*, p. 93/5).

(10) Fique atento a sinais de sua esfera corporal e a sinais do mesmo tipo nos outros participantes (em: Petzold/Brown 1977, p. 93).

Para o *facilitador de ICT* Cohn considera *cinco posturas necessárias*:

• Autenticidade

• Empatia

• Expressar avaliação positiva e confiança em relação a todos os participantes

• Permissividade

• Interdependência

Autenticidade significa que o facilitador deve se tornar transparente aos participantes do grupo, tanto em relação à sua função quanto à sua personalidade.

Empatia significa a habilidade de compreender as reações e modos de agir dos participantes a partir de seus pressupostos.

Permissividade significa que o facilitador deve renunciar a tomar *só para si* a responsabilidade pelo que ocorre no grupo, pressupondo que delegue aos participantes tanta liberdade quanto possível e que faça planos junto com eles.

Interdependência significa a postura que demonstre relação equilibrada entre as necessidades de poder do facilitador e os desejos de liberdade dos participantes (*idem*, pp. 93/95).

3.

Conceitos da gestalt-terapia

Os conceitos teóricos da gestalt-terapia podem ser resumidos em dois aspectos básicos: a imagem do ser humano e o conceito de doença.

A imagem do ser humano se expressa, em nossa opinião, nos conceitos de *self-support*, totalidade e integração, contato e fronteira de contato, percepção, consciência e aqui-e-agora. No conceito de doença da gestalt-terapia é de especial interesse a visão das neuroses. A representação dos conceitos será, na medida do possível, ilustrada com exemplos.

De resto, deve-se levar em conta neste capítulo o fato de que ainda não existe uma teoria da gestalt-terapia totalmente formulada, inter-relacionada e fundamentada. Portanto, só se poderá tratar aqui de uma representação de fundamentos, conceitos e suposições.

3.1 A IMAGEM DO SER HUMANO DA GESTALT-TERAPIA

3.1.1 Self-support *como conceituação básica*

Devido à sua imagem positiva do ser humano, a gestalt-terapia parte do princípio de que ele dispõe de todo o equipamento necessário para poder enfrentar a vida. Para tanto só precisa se conscientizar de suas forças. A gestalt-terapia parte da suposição básica de que o paciente carece de *self-support* (Perls 1976b, p. 131).

Deve ser objetivo da terapia possibilitar *self-support* ao paciente, ou seja, facilitar-lhe os meios com os quais possa resolver tanto seus problemas atuais como também os futuros:

É, portanto, necessário que o objetivo da terapia seja o de dar em suas mãos os meios com os quais possa resolver seus problemas presentes, bem como todos que possam surgir amanhã ou no ano que vem. Essa ferramenta

57

é o *self-support* e ele o alcança trabalhando consigo e seus problemas através da utilização de todos os meios que neste momento estejam à disposição, e isso agora.

A capacitação de descobrir, aplicar objetivamente e continuar a desenvolver todo o potencial existente em termos de *self-support* é o objetivo de todas as medidas terapêuticas. O *self-support* é alcançado quando o cliente aprende a utilizar, consigo e com seus problemas, todos os meios que tenha no momento à disposição e assim começar no aqui-e-agora e nele permanecer.

Se a cada instante ele puder ficar realmente consciente de seu eu e de suas ações — da fantasia, verbais ou físicas — então verá onde se encontram suas dificuldades presentes e ele mesmo poderá ajudar a se livrar delas no presente, no aqui-e-agora. Cada dificuldade resolvida torna a próxima solução mais fácil, pois toda solução aumenta o *self-support* (*idem*, p. 81).

Segundo Perls, o primeiro passo na terapia é descobrir do que o paciente precisa, ou seja, ele deve ter clareza sobre quais são as suas necessidades. Também é de opinião de que uma vez que o paciente comece a reconhecer suas necessidades, começará igualmente a aprender como satisfazê-las por *si próprio* (*idem*, pp. 131 ss.).

Para fomentar o *self-support*, o terapeuta procura criar um clima no qual o cliente terá, relativamente sem medo, a possibilidade de encontrar um novo acesso a si mesmo. Esse processo de aprendizagem precisa ocorrer em ações, em experimentos, na expressão de sentimentos antes não permitidos, em discussão direta com o grupo.

Os meios de fomentar o *self-support* consistem na aplicação dos princípios e métodos da gestalt-terapia, tal como são apresentados no capítulo 4.

No grupo o cliente fica sabendo que seus sentimentos, advindos de fantasias que não se permitia, e até então reprimidos, são aceitáveis pelos outros. Vivencia que não está sozinho com os seus problemas. Por outro lado, o terapeuta dele exige que ele próprio assuma a responsabilidade por suas afirmações e ações. À medida que vai paulatinamente aprendendo a aceitar partes dissociadas de sua personalidade e a agir com auto-responsabilidade o cliente se fortalece e criam-se condições para novos progressos.

3.1.2 *Totalidade e integração*

A suposição básica da gestalt-terapia é ver o ser humano como um todo, ou seja, além do seu comportamento perceptível externo, *também* e justamente, seu comportamento interior e não totalmente perceptível, ou seja, sua situação interna, seus processos internos. (Frech *et al.* 1978a, p. 3). Como sinônimos da palavra totalidade utilizamos os termos unidade, entidade, estrutura e gestalt (no sentido de uma gestalt fechada). A gestalt é, segundo Köhler, a totalidade retirada de seu meio (fundo).

Sobre a totalidade como premissa central, existe consenso dentro da psicologia orientada humanisticamente, portanto também dentro da gestalt-terapia. Por isso podemos nos referir aqui ao que se disse no capítulo "O que é psicologia humanística" quanto ao conceito de totalidade.

Perls fala contra o paralelismo psicofísico, formulando para a psicologia um conceito holista integral, o conceito do organismo humano como um campo fechado (Perls 1976b, pp. 26-34).

A integração se tornará objetivo da gestalt-terapia sempre que se evidenciar que a totalidade não está presente no ser humano e que a falta dela está lhe causando problemas, "fazendo-o em pedaços" *, como Perls certa vez o formulou.

3.1.2.1 O ser humano como unidade de corpo-alma-mente

Este conceito quer exprimir que o organismo do ser humano forma uma unidade. Corpo, alma e mente estão numa situação de influências recíprocas e não são, por conseguinte, separáveis ou hierarquizáveis. Se o ser humano é mentalmente ativo, isso provoca sentimentos e iniciam-se processos corporais. Metzger (1975b, p. 10) assim o formula: "basicamente toda a intervenção se propaga a partir do local em que foi realizada, através do todo."

De modo análogo à unidade corpo-alma-mente é possível se falar da unidade sentir-pensar-agir (ou fazer). O organismo como unidade de corpo-alma-mente alcança e mantém seu equilíbrio, segundo Perls, através do *processo homeostático*. Esse processo pode ser considerado como o de *auto-regulação*, pelo qual o organismo interage com o meio e, assim, sob condições alternantes, consegue manter sua saúde (Perls 1976, pp. 22-26).

Toda a vida é marcada pelo jogo sem fim de equilíbrio e desequilíbrio no organismo. Quando o processo homeostático falha até um certo ponto, quando então o organismo permanece por um período demasiadamente longo em estado de desequilíbrio, não conseguindo satisfazer suas necessidades, ele está doente (*idem*, p. 22).

3.1.2.2 A unidade de passado, presente e futuro

Essa unidade é a derivação conseqüente do conceito holístico da gestalt-terapia sobre o tempo. Por trás disso encontra-se a visão

---

* Em alemão "in Stücke reisst". (N. do T.).

de que o presente é o ponto de transformação entre passado e futuro, que passado e futuro se encontram no presente, porque nós os consideramos em nossa história de vida vivida até então e nas nossas expectativas sobre o futuro. Essa suposição se torna importante e fundamental para o princípio do aqui-e-agora. Por isso citamos o parágrafo "Ênfase no aqui-e-agora" (3.1.4.3).

3.1.2.3 A unidade do se aceitar e do se modificar

Esse conceito parece a princípio um paradoxo, mas não o é. Por trás dele está a lei filosófica dialética da unidade dos opostos. Essa suposição considera condição para a mudança consciente a aceitação temporária do estado momentâneo.

Somente a percepção clara e a aceitação da situação presente (eu sou eu) e sua aceitação sendo sentida e vivida liberta de ideais do eu e de pretensões, ambos irrealistas, que só podem levar à frustração e à decepção. A suposição do ser assim no momento, libera as forças para a percepção de possibilidades de ação realistas e alternativas.

Ao mesmo tempo não deve ser perdido de vista o perigo do apego ao estado presente (Frech 1977/78, p. 5).

Esse princípio de mudança nos parece bem resumido (por A. R. Beisser) na seguinte formulação:

"Alteração se verifica quando alguém se torna o que é e não quando procura ser o que não é." *

Por mudança se entende o auto-encontro e a auto-realização, implicitamente posicionados como' positivos, pois naturalmente também poderá haver mudanças se alguém tentar ser outra coisa do que aquilo que é. Tal mudança seria então tomada como auto-alheamento. Ao invés de precisar superar sentimentos negativos, o cliente agora os pode permitir e aceitar. Antes esses sentimentos eram por ele combatidos como perturbações; agora são linhas mestras do seu caminho. Ao reconhecer e permitir aquilo que nele existe, o neurótico ganha em força, segundo tese de Rousseau, já citada: "O ser humano é muito forte quando ele somente é o que é."

3.1.2.4 A unidade do ser humano como determinante e determinado

O ser humano não é só determinante nem só determinado, mas é os dois ao mesmo tempo. Do mesmo modo que o ser humano

---

* Conforme anunciado num prospecto.

tem a qualidade de reagir a estímulos do meio, tem também a de avançar sobre o seu meio objetiva e ativamente para mudá-lo (Frech *et al.* 1978, p. 2).

O ser humano não é, pois, de maneira alguma, um ser determinado. Extremamente ligado a essa suposição da unidade do ser humano como determinante e determinado encontra-se o objetivo de *responsabilidade* da gestalt-terapia.

Já que o indivíduo não pode só reagir, mas também agir, não ser só passivo como também ativo, pode e deve tomar decisões e ser responsável por elas. Responsabilizar o destino por aquilo que aconteceu significa declinar da responsabilidade pela própria vida. "Auto-responsabilidade significa que temos, nós próprios, a escolha de fazer isto ou aquilo, de ser de determinada maneira ou de outra" (Frech *et al.* 1978b).

O que naturalmente não quer dizer que agora qualquer um tenha a liberdade ilimitada de fazer ou deixar de fazer o que quiser. Seria passar, de maneira idealista e inteiramente ingênua, por cima da realidade social, na qual apenas alguns poucos, totalmente independentes financeiramente, podem viver dessa maneira. Trata-se muito mais de perceber, tanto quanto possível de modo realista e com consciência no aqui-e-agora, as próprias condições de vida e a partir daí avaliar realisticamente o próprio espaço de ação que, na verdade, muitas vezes é maior do que se pensa. E não se deve legitimar a própria letargia com a fórmula "eu não posso mesmo fazer nada. As condições são tão ruins".

Com isso queremos dizer: todo problema encerra uma parcela social e outra individual. É da compreensão exata da adequação à situação dessas parcelas, a subseqüente reflexão sobre as possibilidades freqüentemente diferentes e a escolha de uma, com a qual se fica, que se está justamente falando.

Thijs Besems tenta dar o conceito de parcela social das amostras de comportamento, diferenciando três tipos de relações interpessoais (Besems 1977, p. 45-77):

• *A relação objetiva funcional*: Besems afirma que em nossa sociedade as formas de comportamento predominantes seriam pré-formadas pelas leis básicas de movimento da sociedade capitalista como Marx as tinha elaborado. O ser humano seria crescentemente visto sob o ponto de vista do valor de troca e sob o aspecto de sua funcionalidade para o processo de produção. Aspectos pessoais não pertencentes diretamente a esses pontos de vista seriam empurrados para o fundo.

• *A relação objetal*: na relação objetal o outro é tornado objeto de manipulação. O outro só é visto ainda sob o prisma de sua funcionalidade a um objetivo a ser alcançado. Ele não é aceito em sua personalidade, mas partes de sua personalidade são funcionalizadas.

- *A relação intersubjetiva*: Besems vê nisso, uma "relação horizontal". Os indivíduos encontram-se uns aos outros como também sujeitos. A "força de coesão" entre os dois não se constituiria de uma coisa ou tarefa, mas de "algo em nós mesmos". A sua idéia equivale assim ao conceito da relação interpessoal, como também ao de posições completamente diferentes. Paulo Freire as denomina de "princípio dialógico".*

Enquanto as relações objetiva, funcional e objetal definem o ser humano em primeira linha como paciente, caracterizando assim a tendência predominante da realidade social, a relação intersubjetiva aponta a meta a ser alcançada: o ser humano precisa tomar consciência de seu papel de determinante e determinado.

3.1.2.5 O ser humano como unidade indivíduo-meio

Essa suposição da gestalt-terapia pode ser dividida em duas outras: a unidade dependência-independência dos outros no âmbito interpessoal e a unidade dependência-independência do ser humano em relação à sociedade.

A unidade dependência-independência dos outros no âmbito interpessoal

Por um lado precisamos de nossa independência e de nossa responsabilidade por nós mesmos e ao mesmo tempo necessitamos do outro ou dos outros. Devido à delimitação e aproximação concomitantes não somos nem excêntricos nem totalmente dependentes do outro ou dos outros. Essa concomitância de autarquia biológica (eu sou uma ilha) e dependência social (eu não posso existir sem um diálogo com um tu) leva cada um de nós a conflitos, desejos não realizados e à necessidade de zelar constantemente pelo nosso equilíbrio interno e externo (Frech *et al.* 1978a, p. 4).

A consciência de nossa independência, que não deve ser confundida com autismo ou auto-superestima, pode levar a uma auto-avaliação realista, a uma autoconfiança e a uma capacidade de relacionamento com um tu. A consciência de nossa dependência nos possibilita assumir compromissos sociais, sem renunciar à nossa independência pessoal (*idem*).

A unidade dependência-independência do ser humano em relação à sociedade

Colocam-se limites à auto-realização, ao crescimento pessoal, à realização dos respectivos interesses e necessidades, ao desenvolvi-

---

* Vide Paulo Freire: *Erziehung als Praxis der Freiheit,* Hamburgo, 1977. Em seu trabalho de educação no Brasil, Freire trilhou, antes do golpe militar, caminhos semelhantes aos da gestaltpedagogia. Parte daquilo que seus clientes trazem, fomenta aprendizado por experiência.

mento da independência e à independência. Esses limites são colocados pelas condições sociais em geral, pelo poder pátrio, por leis, pela obrigação escolar, pela organização da escola, pelas formas de trânsito interpessoal ritualizadas, pela moral sexual, pelo sistema social e muito, muito mais.

Mas — aqui precisamos voltar à suposição da unidade do ser humano como determinante e determinado e à demanda de auto-responsabilidade — o ser humano não está à mercê desses limites. Ele pode, por meio da utilização e do desenvolvimento de todo o seu potencial humano, quer dizer, de todas as suas capacidades, habilidades e conhecimentos, se pôr a agir sobre esses limites, alongá-los ou mesmo removê-los. Agora o conceito de mudança da gestalt-terapia se torna novamente importante. É necessário tornar-se e estar consciente desses limites, ou seja, condições, para pensar em possibilidades de modificação que façam sentido. Mesmo que não seja possível a curto prazo mudar as condições, torná-las mais favoráveis em relação aos objetivos próprios, fica pelo menos a possibilidade de mudança até um certo ponto dentro dos limites impostos pelas condições, ou seja, a parcela individual do problema pode ser esgotada. Perls afirma sobre a relação indivíduo-meio:

Nenhum indivíduo basta a si próprio; o indivíduo só pode viver num campo que o cerque. Ele é, inevitavelmente, a todo instante, parte de um campo. Seu comportamento é uma função do campo todo, que o engloba e que engloba seu meio (Perls 1976b, p. 34).

3.1.3 Contato, o limite de contato

O limite no qual indivíduo e meio se tocam a gestalt-terapia denomina de *limite de contato*. Nesse limite de contato ocorre, no caso ideal, o intercâmbio vivo entre indivíduo e meio. Existe um limite de contato físico (a pele, a boca, o ânus, os sentidos) e outro *psíquico* (por exemplo, o desejo de carinho que, em determinadas circunstâncias, pode corresponder no outro a um desejo de retraimento).

O intercâmbio vivo no limite de contato pode ser, como já foi mencionado, restringido por condições sociais e individuais.

Eu posso estar em contato

• comigo mesmo (meu corpo, meus estados internos)

• com o meio:

o meio animado (o próximo, amigos, a natureza...)

o meio inanimado (situações, objetos...).

Esse contato ocorre em três níveis humanos de ação: no nível *cognitivo*, no nível *emocional* e no nível *comportamental*.

A recusa de contato ocorre igualmente nesses três níveis humanos de ação, podendo se verificar das mais diversas formas, como por exemplo:

* na realidade eu consigo achar todas as pessoas imensamente simpáticas
* eu logo consigo me sentir culpado quando alguém me agride
* eu sempre posso me ver como vítima das circunstâncias.

Contato é primariamente a percepção e a aceitação das novidades assimiláveis, mas também é sua rejeição (Polster/Polster 1977, p. 103). O limite de contato é o órgão de uma determinada relação entre o organismo e o meio (Perls e outros 1979a).

Só quando o indivíduo alcança o seu limite de contato, onde experiencia ao mesmo tempo estar ligado e estar separado em relação ao meio, onde está aberto para o novo, exposto a coisas ameaçadoras, ocorre contato e possibilidade de modificação. "Os limites, os pontos de contato constituem o ego. Só onde e quando o próprio * encontrar o "desconhecido", o ego começa a funcionar, torna-se existente, determina o limite entre o campo pessoal e o impessoal (Frech 1977/78, pp. 61 ss., segundo Perls 1978).

Portanto, o contato ocorre sempre no limite entre duas entidades independentes (totalidades, gestalts) que se dirigem uma à outra, mantendo, porém, sua identidade e procurando se expandir.

Contato não é, assim, simplesmente um estar junto e tomar parte. A interação entre dois indivíduos pode ocorrer (uma conversa, por exemplo) sem que exista contato (*idem*).

Na opinião de Perls, o contato em si não é bom nem ruim e a recusa de contato também não é nem boa nem ruim.

Mas certas formas de contato são tudo menos sadias. Vocês com certeza conhecem pessoas que simplesmente querem ficar constantemente em contato: os "viscosos". Todo psicoterapeuta sabe que eles são quase tão difíceis de tratar como os totalmente retraídos. Existem pessoas que se sentem pressionadas a manter contato com suas idéias fixas; são tão perturbadas quanto os esquizofrênicos que se retraem quase que totalmente. Assim, nem todo contato é sadio, nem todo retraimento doentio (Perls 1976b, p. 39).

Contato e retraimento são contrários dialéticos. São a expressão dos nossos jeitos e maneiras de lidar com os acontecimentos psíquicos, representam nossa possibilidade de tratar, no limite de contato, objetos do campo (*idem*, p. 40).

Contato com o meio e retraimento dele, aceitação e repúdio ao meio, são as funções mais importantes de toda a personalidade (*idem*).

---

* *Selbst*, em alemão, equivale ao *self* inglês. (N. do T.).

3.1.4 Percepção, consciência, aqui-e-agora

A ênfase no aqui-e-agora e o estímulo da consciência são dois princípios intimamente ligados, de modo que faz sentido falar em consciência no aqui-e-agora. A consciência requer percepção consciente. Ambas só podem ocorrer no aqui-e-agora, no presente.

3.1.4.1 Percepção

A gestalt-terapia adota da gestaltpsicologia a suposição básica segundo a qual os fatos, a percepção sensorial, as formas de comportamento e os fenômenos são definidos através de sua organização e não pelos seus diversos componentes, adquirindo um sentido independente e específico somente através dessa organização. O processo de percepção é compreendido como um constante aparecimento e desmoronamento de gestalts, apesar de existir uma dinâmica constante e viva entre figura/gestalt e fundo.

A gestalt-terapia é de opinião de que a figura sempre corresponde àquilo que, em determinado momento, se reveste de maior significado ou importância.

As investigações a respeito da influência da motivação (*interesse*, N. do A.) sobre a percepção mostraram que aquele que percebe não estrutura, somente aquilo que percebe em unidades econômicas de experiência, mas também aquilo que ouve e vê, corrige e censura, colocando seletivamente em concordância sua percepção com suas necessidades internas (Polster/Polster 1977, pp. 42 ss.).

Na prática concreta da gestalt-terapia, a tônica da percepção reside menos no por que (de um comportamento, por exemplo) que no como.

3.1.4.2 Consciência

O "estar consciente" é um determinado estado de consciência, uma condição de atenta vigília frente aos fatos que estão ocorrendo no respectivo instante aqui-e-agora em mim, comigo e à minha volta. Outros estados de consciência seriam, por exemplo, vigília, semiconsciência, sonho, devaneio, ausência.

Existem três níveis de *consciência*: um interno, um externo e um de mediação.

O nível *interno* se refere à autopercepção, ou seja, à autoconsciência, quer dizer, necessita de contato consigo mesmo, especialmente com os processos internos e com o comportamento que pode ser visto de fora.

O nível *externo* se refere à consciência em relação às outras pessoas e ao meio.

65

O nível de *mediação* se refere aos domínios das fantasias e das projeções em geral e aos de todos os multiformes mecanismos de defesa que ajudam a evitar um contato com a realidade (Frech *et al.* 1978a, pp. 6-9).

Para fomentar a consciência em seus diversos níveis, a gestalt--terapia tem a oferecer uma série de exercícios (compare Stevens 1977), pois a consciência precisa ser aprendida sistematicamente.

A consciência está sempre voltada para *um* conteúdo de percepção. Este se torna figura, enquanto os outros elementos do campo perceptual se tornam fundo.

Normalmente a ausência de consciência aponta recusa. Segundo Perls, a neurose é a não percepção daquilo que é óbvio.

A consciência é um processo contínuo de percepção... daquilo que ocorre no aqui-e-agora (French 1977/78, p. 6).

O importante é que a consciência seja fomentada em seus três níveis e não só no nível interno no sentido de uma egocêntrica mostra de umbigo, mas justamente também no nível externo, ou seja, a consciência no âmbito interpessoal e a consciência sobre processos de nosso meio, nos âmbitos político, econômico e cultural (Frech *et al.* 1978a, p. 8).

3.1.4.3 *Ênfase no aqui-e-agora*

Para mim não existe nada a não ser o agora. Agora = experiência = = consciência = realidade. O passado não existe mais e o futuro ainda não existe. Só o agora existe (Perls, citado em Frech 1977/78, p. 4).

A gestalt-terapia parte das seguintes experiências e fatos:

* A repetição do passado não existe.

* Não se pode comprovar que exista sobre o comportamento atual influência *direta* de acontecimentos passados.

* Muitos conhecem acontecimentos passados suficientemente bem e falam pormenorizadamente a respeito. Apesar disso seu comportamento não se modifica.

* Muitas pessoas perdem contato com o acontecimento atual, por ficarem presas àquilo que fizeram ou deixaram de fazer, ou àquilo que na realidade deveriam fazer (Frech 1977/78, p. 4).

Em relação à mencionada *orientação para o passado*, um exemplo:

Somos simplesmente campeões mundiais em fazer recriminações atrasadas a nós mesmos porque deveríamos, em determinada situação, ter agido de forma diferente, pelas possibilidades que tivemos, pela nossa educação que transcorreu de forma restrita etc. Também, por esbravejarmos contra o nosso destino ou contra nossos erros no passado, deixamos de dar atenção e realmente viver e vivenciar aquilo que existe *agora*, no momento (Frech *et al.* 1978c).

Igualmente em relação à mencionada *orientação para o futuro* fornecemos um exemplo:

Luta-se o ano inteiro por maravilhosas duas semanas de férias, que brilham como uma luz no fim de um túnel longo e escuro. Durante toda a vida impomo-nos restrições na expectativa de uma velhice tranqüila e despreocupada. Uma série infinita de salas de aula, auditórios, igrejas, museus, salas de concerto e bibliotecas promete ensinar a vida. E freqüentemente o aprendizado em si não é entendido como uma parte independente da vida. A vida de verdade deve começar qualquer dia no futuro — depois da faculdade, depois do casamento, quando as crianças crescerem... (Polster/Polster 1977, p. 115).

A felicidade aguardada num futuro distante é paga com a negação ou eliminação de sentimentos atuais.

Permanecer no aqui-e-agora nada mais é que voltar-se para aquilo que é agora, que viver conscientemente aquilo que acontece no momento. Perls diz que esse "viver no agora" já é por si curativo (compare Frech *et al.* 1978c) e acha que o neurótico não é simplesmente uma pessoa que certa vez teve um problema, mas uma pessoa que tem um problema constante no presente, agora e aqui (Perls 1976b, p. 81).

Da ênfase no aqui-e-agora resulta uma série de conseqüências para a terapia:

* partir da unidade de passado, presente e futuro

* o enorme papel da experiência no presente

* falar sobre o assunto como uma fuga do aqui-e-agora.

Pretendemos nos aprofundar a seguir nesses pontos.

O significado do passado e do futuro para o aqui-e-agora

A gestalt-terapia encara os processos de lembrar e planejar como funções atuais, apesar de se relacionarem com passado e futuro (Polster/Polster 1977, p. 21). A expressão "aqui-e-agora" não deve contudo ser entendida ao pé da letra, como se só achasse válida a experiência atual, mas também são válidos passado e futuro quando se tornam atuantes no aqui-e-agora. Falaremos a seguir do

67

significado da suposição da *unidade de passado, presente e futuro* para o aqui-e-agora.

A formulação "unidade de passado, presente e futuro" é, em nossa opinião, bem apropriada para fazer frente à compreensão errônea ou mesmo mal aplicada do conceito da "ênfase no aqui-e--agora". Não se trata para a gestalt-terapia de negligenciar ou mesmo excluir passado e futuro, mas de sustar a negligência até agora atribuída ao presente. O presente obtém nessa tríade a posição central, pois objetivamente vivemos no presente e viver no passado ou no futuro significa esquiva.

O passado e o futuro se tornam importantes na terapia quando emergem no presente, especialmente quando exercem uma influência que perturba.

O papel da experiência

A precedência do presente é ligada quase que indissoluvelmente à precedência da experiência (Polster/Polster 1977, p. 26).

A experiência é para mim a autoridade máxima. A pedra de toque da validade é a minha própria experiência (Rogers, citado em Schwäbisch/Siems 1974, p. 9).

A experiência é o fundamento mais importante do aprender. A experiência ocorre no aqui-e-agora. Obviamente nem tudo que é necessário para um agir efetivo pode ser experienciado por si. O domínio no qual acontece a aprendizagem por experiência pode, todavia, ser ampliado substancialmente (Frech 1977/78, pp. 4 ss.).

Consciência, contato e ensaio são importantes campos da experiência e da modificação.

Sobre o tratamento correto das experiências, Polster diz que não é absolutamente necessário procurar no passado símbolos que aclarem o presente, já que é o próprio presente que produz símbolos que são testemunhos válidos e que se estendem muito além dos limites da interação terapêutica (Polster/Polster 1977, pp. 27 ss.). O significado e a experiência se relacionam mutuamente de maneira complexa. O significado da experiência reveste-se, no entanto, para cada um, de valor diferente, dependendo da relação que a experiência tem em cada vida. Com isso fundamenta-se que a interpretação da experiência a partir de uma teoria preconcebida pode destruir toda experiência. Por isso a gestalt-terapia também descarta a interpretação, procedendo de forma a deixar que se vivencie e atue a experiência como valor independente e que o significado se desenvolva gradualmente, ao invés de interpretar todo o comportamento segundo uma opinião determinada e preconcebida.

Apesar da procura do sentido ser inerente ao ser humano, a obrigação de interpretar prejudica freqüentemente a própria experiência (*idem*, p. 29).

A necessidade de se tirar da experiência um sentido é culturalmente tão arraigada que chega a superar aquilo que foi experienciado (*idem*, p. 26).

Devido ao papel central que a gestalt-terapia dá à experiência no evento terapêutico, pode-se sem dúvida falar dela como de uma terapia experimental * que, através das mais diversas experiências (veja capítulo 2.2), propicia crescimento, e nem tanto como uma terapia verbal e interpretativa.

O "falar por cima"

As pessoas discutem como as relações poderiam ser, sem terem clareza sobre suas próprias relações recíprocas atuais (Frech 1977/78, p. 4).

O "falar por cima" é uma das muitas manobras que tornam a vida segura, mas também desinteressante. Quanto a falar sobre temas como o próximo jogo internacional de futebol, a entrega do prêmio Nobel da paz, a torneira quebrada, a greve na indústria metalúrgica pela jornada de trabalho semanal de 35 horas, ou seja lá o que for, não há nada a objetar, muito pelo contrário, é importante e benéfico que se converse sobre esses assuntos.

O que importa, no entanto, é o "como". Como eu converso sobre esses temas. Eu o faço, incluindo a minha pessoa e a daquele que está à minha frente, incluindo meus sentimentos e minha perplexidade pessoal, ou em fazendo como se estivesse *sobre* as coisas e como se tivesse um interesse puramente intelectual em determinar se, por exemplo, a greve na indústria metalúrgica seria, no momento, adequada ou não.

Numa das edições de verão da revista "Stern" apareceu um artigo sobre a revolução sexual que se tinha consumado. Um homem e uma mulher conversam animados, entretidos e de cima *sobre* o assunto, como se não tivessem nenhum dos problemas e fazendo pouco das inúmeras tabelas, estatísticas e pesquisas, mas não lhes ocorreu utilizá-las como ponto de partida para conversar sobre sua própria vida sexual, há muito tempo insatisfatória e inexplicada. O que teria sido muito simples, bastando que um deles perguntasse: "como é isso com a gente?" no momento em que se lê que 70% das pessoas não se atrevem a dizer o que querem do parceiro.

Naturalmente é mais fácil não falar sobre temas como "nossas relações pessoais" ou "nosso estudo", mas *falar estando quase dentro*,

---

* Experimental não no sentido behaviorista. (N. do T.).

do que em temas como "o regime do xá na Pérsia" ou. "os velhos em nossa sociedade". Não é porém preciso que se fale sobre temas como esses. Cada um de nós tem ou teve avós, ou os pais entraram em idade de aposentadoria. Será tão difícil conversar, a partir da própria experiência sobre a vida e sobre o comportamento dos avós ou dos velhos inquilinos num antigo prédio de aluguel? Achamos que, também no caso de temas como esses, não é necessário que se fale sobre eles de uma forma *despersonalizada*.

3.2 O CONCEITO DE DOENÇA DA GESTALT-TERAPIA

A gestalt-terapia não se utiliza do conceito tradicional da "doença espiritual", do "modelo de doença da medicina". Ela parte do "modelo educativo" e fala de distúrbios de desenvolvimento e de crescimento. A classificação em doente e sadio é declinada por Perls, já que ele é de opinião que cada um de nós é, em maior ou menor escala, neurótico, ou seja, as possibilidades de crescimento pessoal só podem ser utilizadas de modo extremamente escasso.

Seria característico da população dos grandes estados industriais a impossibilidade de acesso a um desenvolvimento pessoal mais satisfatório.* Essa circunstância tem para Perls origem nas condições sociais. Perls se dedicou, por isso, minuciosamente ao exame e à representação dos "mecanismos neuróticos" (Perls 1976, pp. 43 ss.) A perturbação neurótica aparece, segundo sua concepção, sempre que o contato consigo mesmo e/ou com o meio se torne perturbado.

Exemplos de tais perturbações de contato são:

- a incapacidade de reconhecer a necessidade predominante
- a incapacidade de reagir espontaneamente (por exemplo, exprimir raiva)
- a incapacidade de se concentrar sobre uma determinada coisa (ou seja, uma sobreposição de assuntos não resolvidos)
- a incapacidade de se retrair quando existe uma necessidade de que isso ocorra.

O objetivo da terapia é a suspensão da recusa de contato e, ao invés disso, uma concentração sobre o contato. Como na abordagem da gestalt o ser humano é visto como "função da relação organismo-meio-campo" essas perturbações só podem ser entendidas por uma ação conjunta desses níveis. A neurose se baseia, assim, sobre uma percepção errônea do campo. A terapia procura corrigir a percepção errônea.

---

* Bühler/Allen (1974, p. 28) criticam o atual "desenvolvimento cultural" americano. Consideram que o desenvolvimento social estimula muito pouco as pessoas, antes, as restringe.

Segundo Perls, a neurose se presta originalmente para a autodefesa do indivíduo: as situações que, em virtude da história de vida, sejam gênese de medo são evitadas. As modificações não podem mais ser percebidas e se forma um modelo rígido de comportamento, um ritual. Pela recuperação do contato na terapia com a situação geradora de medo, podem ser pesquisadas as situações de perigo reais e fantasiadas e experimentado um novo modelo de comportamento. Perls escreve:

Todas as perturbações neuróticas se originam da incapacidade do indivíduo de encontrar e manter o equilíbrio correto entre si e o resto do mundo, e todas elas têm em comum a sensação do neurótico de que a sociedade e seu meio avançaram demais seus limites, indivíduo adentro. O neurótico é um indivíduo que a sociedade pressiona extremamente. Sua neurose é uma manobra de defesa que deve protegê-lo da ameaça de ser eliminado pelo superpoderoso mundo (Perls 1976b, p. 49).

O objetivo da terapia consiste, portanto, em livrar o ser humano de seus modelos de comportamento enrigecidos, torná-lo novamente capaz de contatos.

Nisso a gestalt-terapia também não partilha de um conceito puramente médico de doença, que procura distinguir doente e sadio, normal e desviado. Para se alcançar o "equilíbrio correto" todos precisam trabalhar arduamente a si próprios e a seu meio. Esse trabalho é conforme Petzold — que previne contra as ilusões — um processo vitalício:

A gestalt não é uma técnica, nem um processo terapêutico rápido, mas um caminho sério de encontrar-se a si próprio e crescer. Crescimento porém, é um processo que precisa de tempo (*in:* Perls 1976b, prólogo).

O processo de crescimento se consuma, segundo Perls, entre os pólos da perseverança e da mudança, entre momentos conservadores e progressistas. Ambos os pólos são necessários para o crescimento. A situação fica, porém, problemática quando um lado tiver constante predominância.

Pesquisando mecanismos neuróticos, Perls diferencia cinco formas de resistência que amiúde emergem em processos de crescimento perturbados: introjeção, projeção, retroflexão, deflexão, confluência.

3.2.1 *Os mecanismos neuróticos — como perturbações na fronteira de contato*

Introjeção

A introjeção é segundo E. e M. Polster (1977) a primeira forma de interação e aprendizado entre indivíduo e meio. Entendem-se como tal as atitudes, os sentimentos, os valores etc. Precisamos diferenciar dois tipos de introjeção:

- a "ingestão de bocados não digeridos", tanto no âmbito físico quanto no psíquico, leva a introjeções de "difícil digestão"
- a decisão consciente de assumir alguma coisa. Essa decisão é acompanhada por um processo físico e psíquico de assimilação (um cuidadoso "mastigar e esmigalhar").

Perls vê o procedimento de introjeção, ao nível psíquico, como análogo ao de alimentação. Em *O Ego, a Fome e a Agressão* ele descreve no capítulo "Concentração sobre o Comer" o paralelismo entre a incorporação "física" e "espiritual" (Perls 1978, p. 229).

O problema na introjeção consiste no fato de não ter aquele que está preso a esse mecanismo condições de fazer sua própria escolha. Ele procede, como esboçado no primeiro ponto:

A introjeção é portanto o mecanismo neurótico pelo qual fixamos em nós regras, atitudes, modos de agir e de pensar, que não são nossos próprios. A introdução significa que colocamos a fronteira entre nós e o resto do mundo tão dentro de nós, que quase nada de nós mesmos sobrou (Perls 1976b, p. 53).

A principal tarefa na supressão da introjeção consiste em criar dentro do indivíduo um sentimento que possibilite escolhas e fomentar suas habilidades em distinguir entre "eu" e "você" (Polster/Polster 1977, p. 80).

Projeção

No mecanismo da projeção o ser humano torna o meio responsável por diversas perturbações ou condições que, na realidade, têm origem nele mesmo. Perls escreve:

O inverso da introjeção é a projeção. A introjeção é a tendência de tornar a si próprio responsável por aquilo que na realidade é coisa do meio; a projeção, ao contrário, é a tendência de responsabilizar o meio por aquilo que tem origem em si próprio (Perls 1976b, p. 53).

Se na introjeção a fronteira entre indivíduo e meio estava muito deslocada em favor do meio, na projeção ocorre exatamente o oposto, e são, como diz Perls, "normalmente nossas introjeções que nos levam a sentimentos de autodesprezo e de alheamento, produzindo assim as projeções" (*idem*, pp. 55; 53-56).

Em mais extrema dimensão encontramos a projeção no quadro clínico da paranóia.

Polster chama atenção para o fato de que a projeção seria primeiro uma "reação humana natural". É somente através dela que se torna possível tirar de si próprio conclusões sobre os outros.

Pelo mecanismo da projeção procuramos atribuir a outrem aspectos desagradáveis de nós mesmos. Pela projeção o "projetor" se faz uma vítima das circunstâncias.

Estreitamente ligado a isso está o problema da tomada da auto-responsabilidade e da capacidade de decisão. Um projetor sempre demonstra a tendência de não poder arcar com a responsabilidade por seus sentimentos, desejos ou aspirações, imputando-a a objetos ou pessoas de seu meio.

A mulher sexualmente inibida que se queixa que todos os homens se aproximam dela imoralmente e o homem frio, fechado, convencido, que acusa os outros de falta de amabilidade, são exemplos de projeções neuróticas. Na terapia trata-se, pela ordem, de integrar as partes dispersas da identidade, confrontá-la com aspectos da personalidade até então evitados. Um outro meio é fomentar a auto-responsabilidade (por exemplo, dizer "eu" ao invés de "a gente").

Retroflexão

A essência da retroflexão consiste no indivíduo infligir a si mesmo aquilo que gostaria de infligir em outros (Perls 1976b, pp. 58 ss.). Também aqui Polster descreve o significado da retroflexão como "capacidade humana central", que possibilita a divisão do próprio eu em observador e observado. Na retroflexão, como mecanismo neurótico, essa cisão é rígida. Devido a introjeções anteriores o indivíduo se fecha em relação ao mundo exterior, permanecendo numa retroflexão em relação a si próprio (por exemplo, a criança que foi rejeitada pelos pais, alcança por si a satisfação que queria ter dos outros. Quando fica adulta, transfere essa rejeição para outras pessoas, tornando-se assim incapaz de manter contato). O refletor não mais dirige suas energias para fora e não faz mais experiências no sentido de manipular o meio e promover mudanças que satisfizessem suas necessidades. Ao invés disso volta suas energias para dentro, colocando-se a si próprio no lugar do mundo, como alvo de seu comportamento (*idem*, p. 89). Segundo Polster o problema na retroflexão estaria na perda de "ritmo entre espontaneidade e auto-observação" (Polster/Polster 1977, p. 89). A pessoa retrofletora bloquearia suas válvulas para o mundo exterior. A cisão rígida em observador e observado determinaria desgaste e estresse internos, uma vez que a energia não pode ser posta em ação para fora.

O objetivo da terapia é tornar essa cisão novamente flexível, dirigir a energia para fora, ou seja, segundo E. e M. Polster:

Suspender a retroflexão através da "procura de um outro apropriado" (*idem*, p. 90). No caso do cliente apresentar agressividade inibida, será então objetivo da terapia descobrir a quem ou a que se dirigem suas agressões (procura do outro apropriado). Só quando o retrofletor reencontrar sua "autoconsciência" estará ele em condições de superar sua postura rígida.

Deflexão

A deflexão é um método de evitar contato direto e de se esquivar de um compromisso.

A deflexão é um método de se evitar um contato direto com outro ser humano. É um método de enfraquecer o contato atual. O que é alcançado através da prolixidade, de um modo exagerado de expressão, em se falando continuadamente num tom jocoso, não encarando o parceiro de conversa diretamente, não se chegando nunca à questão... (Polster/Polster 1977, p. 93).

Como resultado de tal comportamento as ações não encontrarão seus alvos, serão menos efetivas. O contato pode ser impedido a qualquer tempo por qualquer das duas partes, pois a comunicação não é clara. Sente-se então uma aceitação ou uma recusa. O problema é que o defletor não precisa correr riscos, mas seu "proveito" é correspondentemente escasso.

Na terapia procura-se voltar a "energia desviada" (*idem*, p. 84) novamente para seus objetivos: estabelecimento de um enfoque direto, clareza e conscientização de como a pessoa em questão evita contatos, são métodos aplicáveis.

Confluência

O mecanismo neurótico da confluência se revela quando o indivíduo não percebe nenhum limite entre si mesmo e o meio, quando sente como se ambos fossem um só.

O ser humano patologicamente confluente vai dando nós em suas necessidades, emoções e atividades, transformando-as num novelo irremediavelmente emaranhado, até ele mesmo não estar mais consciente *daquilo* que quer fazer e de *como* está se impedindo de fazê-lo (Perls 1976b, p. 56-58).

E. e M. Polster dizem que a confluência pode por exemplo consistir num acordo entre duas pessoas de que não vão brigar. O objetivo desse acordo é salvar uma relação em perigo. Os parceiros põem suas próprias necessidades de lado ou fazem com que o outro se amolde a ele.

O problema agora é que a confluência oferece uma base extremamente frágil para a manutenção de relacionamentos. Através do acordo confluente a discussão aberta de conflitos é evitada. Pode-se chegar a sentimentos de culpa e rancor, resultando uma espiral interminável de culpas atribuídas a si próprio e ao outro.

Muito importante para o aparecimento da confluência é a tendência que se encontra em vários segmentos da nossa sociedade à harmonia, ou seja, uma disposição mínima e certamente também medo de mencionar e aceitar diferenças. A demanda de harmonia e unanimidade é, levada às últimas conseqüências, a demanda de confluência. Além disso o contato é dificultado, pois contato quer dizer: reconhecimento das diferenças.

Como extremo, E. e M. Polster esboçam a formação de uma relação confluente com a sociedade, que se manifesta simultaneamente em conformidade total e em renúncia.

O objetivo do processo terapêutico é fomentar novamente o sentido de limite e a capacidade de diferenciar as necessidades dos outros das próprias:

Os antídotos para a confluência são contato, diferenciação e articulação. O envolvido precisa experienciar decisões, necessidades e sentimentos que sejam próprios e que não precisam necessariamente estar de acordo com os dos outros. Ele precisa aprender que pode encarar o terror de estar separado da outra pessoa e que mesmo assim continua vivendo (Polster/Polster 1977, p. 99).

Em resumo, pode-se constatar que a gestalt-terapia vê as perturbações neuróticas como resultado de conflitos entre organismo e meio, que se manifestam por uma percepção distorcida do campo e levam a uma recusa de contato. Por isso, o objetivo nas diferentes formas de perturbação é o de recuperar o contato com aquilo que foi evitado. Essa fomentação de contato consigo mesmo e com o meio não se presta só para "curar" quadros de doença, sejam eles definidos como forem, mas também representa um processo consciente de aprendizado. A gestalt-terapia coloca à disposição auxílio para um crescimento pessoal.

Os pontos de partida daqueles que trilham esse caminho podem ser diferentes, mas os métodos são universalmente aplicáveis. Por conseguinte, a gestalt-terapia é tanto um auxílio para aqueles psiquicamente doentes, sejam eles definidos como forem, quanto para os ditos "normais".

Para a terapia existe uma série de fundamentos e métodos, que apresentaremos e discutiremos a seguir.

4.

Princípios e métodos gestálticos no processo terapêutico

Neste capítulo deve tornar-se clara a aplicação dos conceitos teóricos no processo terapêutico. Após uma diferenciação entre princípios e métodos gestálticos serão apresentados primeiramente os métodos, pois eles são necessários para a compreensão da aplicação dos princípios na terapia. Os princípios que consideramos centrais e que derivam dos conceitos teóricos serão brevemente esboçados (donde resultarão sobreposições com o capítulo anterior) e sua aplicação na terapia será alcançada por meio de exemplos.

Que são princípios gestálticos?

Os princípios gestálticos estabelecem a linha mestra para o comportamento do terapeuta e dão ao mesmo tempo uma orientação a respeito do objetivo para o cliente. São a conseqüência prática de conceitos teóricos.

Consideramos centrais os seguintes princípios gestálticos:

* Princípio do aqui-e-agora

* Princípio da concentração sobre o contato

* Princípio do estímulo à consciência

* Princípio do estímulo ao *self-support*

* Princípio da responsabilidade

* Princípio do aprendizado pela experiência

* Princípio da gestalt fechada

* Princípio da espontaneidade.

Que são métodos gestálticos?

Dos princípios gestálticos pode ser desenvolvida uma série de diretrizes para o comportamento, que são em sua utilização um método de sua aplicação.

Exemplo: O princípio do aqui-e-agora torna-se uma intimação: "fique no aqui-e-agora!"

Junto a esses métodos que podem ser derivados diretamente dos princípios, a gestalt-terapia desenvolveu uma série de formas específicas para a aplicação metódica de seus conceitos teóricos: a experiência, a viagem-fantasia, a identificação, o *feedback*.

4.1 MÉTODOS GESTÁLTICOS

4.1.1 *Experimento*

O experimento é o método mais central, importante e multifacetado de todos. A rigor todos os outros métodos, a viagem-fantasia, a identificação ou *feedback*, são sempre experiências, ou melhor uma forma específica de experimento. Pelo menos contêm algo de experimento.

Para nós o experimento é o equivalente metódico dos conceitos de conteúdo da gestalt-terapia, resumidos da seguinte forma: a gestalt-terapia é em primeira instância uma *terapia vivencial*, em menor escala uma terapia verbal ou interpretativa; uma terapia, portanto, de significado capital para o viver e vivenciar pessoal e para o fazer experiências.

Os experimentos podem ser feitos em todas as situações possíveis, e na descoberta de experimentos novos e adequados às situações não são colocados limites à criatividade e à fantasia. Para a "descoberta" de um experimento dois fatores são em última análise importantes:

- uma percepção para uma situação que surgiu num grupo ou em relação a uma pessoa individual como, por exemplo, notar que uma pessoa constantemente se desculpa ou se diminui;

- reforçar o "percebido" ou o "suposto".

Para fazer com que a pessoa tome consciência de seu comportamento, o sintoma deveria ser intensificado, tornado mais aparente no experimento. Poder-se-ia, por exemplo, solicitar à pessoa que em cada frase que dissesse de agora em diante incluísse "desculpe" ou "por favor". Ou então pode-se "receitar" o contrário: uma pessoa que se sinta tímida, insegura, inferior em relação ao grupo deverá subir numa cadeira e então verificar como agora vê a si mesma e os membros do grupo (Frech *et al. Blockseminar* 1978).

Em experimentos deve sempre haver precaução no sentido de que o risco não seja demasiadamente grande para o experimentando, a fim de que medos e bloqueios já existentes não sejam intensificados. Na maioria dos casos a meta é exatamente o contrário, ou seja, a redução de medos e bloqueios. De maneira alguma força-se alguém a se submeter a um experimento (com base no princípio "assuma a responsabilidade" vale na gestalt-terapia o princípio da espontaneidade). O trabalho sobre a resistência contra o experimento, sobre a recusa, já pode ser tão valioso quanto o próprio experimento. O experimento é sempre equivalente à modificação ou pressupõe a disposição de mudar. "O experimento existe sempre que eu tento ampliar minhas fronteiras do ego e experimentar novas possibilidades de contato e de ação" (Frech *et al.* 1978d).

4.1.2 *Viagem-fantasia*

Basicamente existe uma viagem-fantasia dirigida e uma não dirigida. Eis um exemplo de viagem-fantasia não dirigida:

(Antes da viagem-fantasia em si, recomenda-se um rápido relaxamento, por exemplo, sob forma de um exercício de respiração.)
Imaginem uma tela de projeção branca. Se sobre ela aparecerem imagens, deixem-nas vir. Agora observem as imagens e deixem-nas, com toda calma, agir sobre vocês. Então despeçam-se da tela e voltem gradualmente para esta sala. Abram os olhos.

A avaliação, ou seja o "trabalho" com isso pode agora ser feito verbalmente, cada um comunicando ao grupo que quer comunicar em relação ao que viu sobre a tela. Também aqui, como na gestaltterapia, em geral vale o princípio da espontaneidade em todos os atos ligados com o princípio "assuma a responsabilidade" (por tudo que você faz ou deixa de fazer) (Reinboth 1978). Pode ainda ser introduzido um outro nível de ação, o facilitador/terapeuta sugere que se construa a fantasia com os membros presentes do grupo, ou seja, as pessoas presentes podem ser "utilizadas" como peças de uma representação plástica de uma imagem da fantasia vivenciada (Rüster 1978). Agora um exemplo de viagem-fantasia dirigida:

Imaginem-se andando por uma rua; está chovendo; vocês passam por uma loja, um homem de idade na frente da loja os convida a entrar e diz que vocês podem escolher alguma coisa, mas que devem dar em troca algo de vocês mesmos...

Uma possibilidade de avaliação é a de que cada um comunique aos outros como para ele era a rua, como era o homem, como era a loja, o que escolheu e o que deu de si em troca (Frech *et al.* Seminário "Introdução..." 1978).

Com o método gestáltico da viagem-fantasia pode-se alcançar uma infinidade de objetivos:

Uma viagem-fantasia como essa pode fazer vir à tona grande quantidade de material, com o qual se pode trabalhar terapeuticamente. Pode suscitar uma experiência pessoal de facetas até o momento desconhecidas de si próprio, ou dar uma contribuição geral no sentido de aprender algo sobre si mesmo. Possibilitará que essa auto-experiência seja comunicada aos outros, permitindo assim um conhecimento mútuo.

A gestalt-terapia parte do princípio de que as vivências fantasiadas sejam partes e aspectos, necessidades, desejos, medos, esperanças etc. codificados do paciente. Ao invés de interpretar as vivências, o objetivo é de, usando o meio de identificação, fazer com que se tome consciência delas e que sejam integradas, como parte da própria personalidade. As fantasias são, portanto, a chave para a conscientização das próprias necessidades.

4.1.3 *Identificação*

Aqui podemos estabelecer uma conexão com os exemplos citados há pouco em relação à viagem-fantasia. Suponhamos que um participante durante a viagem-fantasia dirigida tenha imaginado como objeto que lá encontrou e que quer levar consigo, um saco contendo um pó branco, um pó fortificante, do qual só precisa tomar uma colher de chá cheia para então irradiar energia e ímpeto de ação. Poderá comunicar essa fantasia ao grupo e então ser solicitado a se identificar com o saco de pó fortificante branco, talvez desta forma: "Imagine que você é o saco com o pó fortificante branco".

Um outro participante comunica, por exemplo, que precisa de uma couraça para se proteger, pois deve desconfiar das outras pessoas, não podendo ficar desprotegido ante seus ataques. Por isso muitas vezes se sente como uma tartaruga. Agora o terapeuta pode solicitar-lhe que se identifique com a tartaruga. "Imagine que você é uma tartaruga. Mostre-nos como é isso" (Reinboth 1978).

Uma forma especial de identificação é a técnica da troca de papéis. Pela identificação com a tartaruga como materialização simbólica de um aspecto de sua personalidade, ele poderá fazer uma série de importantes experiências:

- Como me transformo numa tartaruga e através disso me isolo?
- Como me sinto nessa situação?

- Como se manifesta esse isolamento no meu corpo?
- Como os outros me percebem nessa situação?
- A minha couraça é necessária?
- O que acontece se a ponho de lado?
- De quanta proteção necessito frente aos outros?

Uma outra forma de identificação por troca de papéis é a técnica da cadeira vazia. Eis um *exemplo*:

Imaginemos um cliente que sofre de um problema não resolvido (uma gestalt não fechada) com seu falecido pai. Acredita ter tratado o pai injustamente e ter perdido a oportunidade de lhe dizer isso antes de seu falecimento. O terapeuta sugere que recupere a oportunidade perdida de falar com o pai. Nisso o pai é simbolizado por uma cadeira vazia ou uma almofada.

Agora o cliente fala com seu pai de forma direta. O terapeuta chama sua atenção para a expressão verbal e corporal. A juízo do terapeuta é feita a troca de papéis no momento propício. O cliente se senta na cadeira vazia e fala então como pai a si mesmo. Através desse procedimento o cliente aprende a aceitar como partes de sua personalidade o pai e filho que tem internalizados. Além disso, obtém esclarecimento a respeito de uma possível aberração ocorrida na percepção de seu relacionamento e comportamento frente ao pai.

4.1.4 *Feedback*

O *feedback* tem o sentido e a serventia de eu ficar sabendo como meu comportamento é percebido pelos outros. O que traz a grande vantagem de ajudar a constatar se a intenção e o resultado das minhas ações não estão cindidos. É um meio valioso de obter uma autopercepção realista, pois fico sabendo, através disso, algo sobre mim no meu efeito sobre os outros. Receber um *feedback* quer dizer receber uma *resposta* sobre o próprio comportamento.

Para que o *feedback* seja realmente uma ajuda no sentido há pouco descrito, deveriam ser observadas *algumas regras*:

- Dê *feedback*, quando o outro puder ouvi-lo.
- Dê *feedback* tão concreto e direto quanto possível.
- No *feedback* você não deve analisar o outro nem se colocar acima dele.
- Dê *feedback* com a possível rapidez.
- Dê *feedback* incluindo a si próprio, externando os próprios sentimentos.

O *feedback* pode se referir aos *três níveis* da consciência, à percepção externa, à percepção interna e às fantasias.

Para o *receptor do feedback* valem as seguintes regras:

* Primeiramente ouça com calma e atenção.
* Admita somente o que puder aceitar para você mesmo. (Frech *et al.* 1977/78)

Verbalizações do tipo

"Isso você fez bem feito"

"Acho sua voz agradável"

"Você me aborrece e me deixa nervoso, pois tenho
a impressão de que vou me afogar na sua verborragia"
são *feedbacks*.

Via de regra, o *feedback* é utilizado pela gestalt-terapia de duas maneiras:

* *Feedback através do terapeuta*: na gestalt-terapia o trabalho individual entre terapeuta e cliente fica em primeiro plano, enquanto o grupo fica mais no papel de observador.

O terapeuta, que na maioria das vezes está sentado diretamente à frente do cliente, lhe dá constantemente *feedback*, especialmente a respeito de discrepâncias em seu comportamento. (Exemplo: O cliente afirma não estar sentindo agressões, mas deixa transparecer através de gestos, mímica ou articulações uma agressão velada.)

* *Feedback através do grupo*: depois do fim de uma unidade de trabalho entre terapeuta e cliente, este tem a oportunidade de pedir aos componentes do grupo um *feedback* individual ou grupal. Por outro lado, cada membro do grupo tem, se quiser, a possibilidade de dar *feedback*.

Aqui o *feedback* serve para que não se perca a relação do indivíduo para com o grupo, além de lhe dar a oportunidade de vivenciar as diversas possibilidades de efeito que seu comportamento tem sobre os diferentes membros do grupo e ainda para enfrentar o perigo do *feedback* do terapeuta exercer um papel absoluto demais no processo grupal.

4.2 PRINCÍPIOS GESTÁLTICOS

4.2.1 *Princípio do aqui-e-agora*

Contra a predominante orientação sobre passado e futuro a gestalt-terapia se utiliza da rigorosa aplicação do princípio do agora: o objetivo da terapia é o de aguçar a consciência do cliente sobre sua experiência atual. A força do cliente está, segundo Polster, no presente. Uma vida excessivamente no passado ou no futuro é vista como uma perturbação neurótica. Bühler e outros fundamentam essa tese a partir de investigações empíricas (Bühler/Massarik 1969). À frente desse fundo E. e M. Polster argumentam: "como a vida do neurótico é anacrônica, todo retorno à vivência atual já é um ataque à neurose" (1977, p. 25).

A recusa de experiências atuais de medo ou insegurança é evidenciada na situação terapêutica de modo correspondente ao comportamento em situação extraterapia. O terapeuta, através de métodos apropriados, chama a atenção do cliente sobre as fugas, dando-lhe indicações de como ele pode permanecer no aqui-e-agora. A situação terapêutica oferece um confiável campo de treinamento a essa penosa tarefa:

> O neurótico considera difícil participar totalmente no presente — seus assuntos não resolvidos no passado o atrapalham. Seus problemas existem no aqui-e-agora — mas muito freqüentemente apenas uma parte sua está aqui para tentar superá-los. Na terapia ele precisa aprender a viver no presente e suas sessões terapêuticas precisam ser o primeiro exercício em relação a essa missão não cumprida até a presente data. Daí a gestalt-terapia ser uma "terapia aqui-e-agora", na qual durante as sessões solicitamos ao paciente que dirija sua atenção na íntegra ao que esteja fazendo agora no presente, durante o transcorrer da sessão, exatamente aqui-e-agora (Perls 1976b, p. 82).

Passado e futuro são examinados na terapia tendo em vista seu significado para o agora. Dessa forma, as experiências opressivas do passado, que ficaram sem ser trabalhadas, atuam sobre o presente. Enquanto o cliente relata tal situação, talvez assuma uma postura contraída, procura de alguma maneira reter seu luto. O terapeuta lhe chama a atenção sobre o agora de seu corpo, criando assim através do passado contato com o agora. O paciente talvez possa liberar no agora suas ambições oprimidas, fechar sua gestalt ainda aberta.

Transposição para a terapia: "fique no aqui-e-agora!"

Exercícios gestálticos para o estímulo da consciência no aqui-e-agora seriam, por exemplo:

> Solicita-se aos participantes: "por favor comuniquem aquilo que lhes estiver passando agora pela cabeça". As respostas mostram que a maioria dos participantes está ocupada com fatos do passado ou do futuro. Ou em experimento de percepção relacionado ao princípio do aqui-e-agora.
>
> Os participantes estão sentados numa sala e dizem frases como: "Eu agora estou vendo...".

Com esse exercício pode-se ficar sabendo alguma coisa sobre o como da percepção, como também treinar a consciência e a centralização sobre o aqui-e-agora.

Um experimento baseado no princípio do aqui-e-agora, poderia ser por exemplo:

Solicita-se a alguém que com freqüência fala longamente sobre suas dificuldades de entrar em contato com os outros, que observe atentamente o grupo e que defina com relação a cada um dos integrantes do grupo se quer ou não estabelecer contato. Da maneira como desenvolver esse experimento, poderá reproduzir muito de seu comportamento de contato habitual. Na discussão com o grupo e com o terapeuta poderá encontrar a sua parcela na perturbação, como também poderá experimentar alternativas.

Falar sobre situações do passado ou sobre preocupações com o futuro é substituído por uma ação no presente, seu comportamento de esquiva por contato.

No ínterim veio a existir uma série de exercícios relacionados aos diferentes campos. Stevens (1977) e Vopel (1978b) compilaram coleções abrangentes de exercícios usuais, que podem servir de estímulo. A sua eficácia, porém, depende, além da disponibilidade de cliente e grupo, em um elevado grau da capacidade e da experiência do terapeuta.

4.2.2 Princípio da concentração sobre o contato

Perls considera em *Das Ich, der Hunger und die Aggression*: "Explicamos que a recusa é o marco principal da neurose; é claro que seu verdadeiro oposto é a concentração" (p. 225).

Por "técnicas de concentração" Perls entende a obtenção de um contato consciente com percepções até então evitadas. Como a neurose é vista entre outras coisas como conseqüência de uma percepção falha, essa percepção requer, no processo terapêutico, ser novamente testada quanto à sua "exatidão". O contato com a realidade deve ser restabelecido. Certas situações traumáticas no processo de vida podem levar à formação de objetos repletos de medo. O indivíduo desenvolve, para defender o seu eu, um comportamento de recusa. Um comportamento que deve ter sentido na situação que o desencadeou, é agora transferido para situações aparentemente semelhantes. O neurótico não consegue perceber as diferenças dessa nova situação, comportando-se em relação a elas segundo um modelo rígido. O objetivo da terapia consiste, entre outros, em desfazer esses modelos rígidos, apoiar o indivíduo na procura de contato o menos distorcido possível e em poder tomar decisões de aceitação ou recusa de contato. Portanto, a terapia trata generalizadamente do restabelecimento das funções de contato. A ligação se faz concretamente a partir do comportamento que um indivíduo apresente no processo grupal em relação a contatos. Pelas trocas efetuadas entre os componentes do grupo (*feedback*), torna-se possível o processo de aprendizagem.

O ponto de partida da terapia é a realização de contato do cliente consigo mesmo. Só quando ele alcançar contato consigo, com seus sentimentos, é que estará em condições de determinar por si a "alternância entre contato e retraimento". Essa alternância consciente é, segundo Perls, nosso "modo de satisfação de necessidades e de continuação do processo de vida em andamento" (Perls 1976b, p. 41).

Transposição para a terapia: "vá à sua fronteira de contato!"

O terapeuta procura criar na situação de terapia condições que possibilitem ao cliente entrar em contato com aquilo que até o momento era evitado. Apóia o cliente na percepção concentrada do até então evitado:

Analogamente ao exemplo de distúrbios de contato (4.2.1), poderia propor ao cliente examinar o grupo no sentido de perceber com quem gostaria de estabelecer contato. Poderia, por exemplo, propor ao cliente sentar à frente de cada um, observar atentamente e dizer à pessoa o que quer ou não quer dela. Nisso o terapeuta poderia dar um *feedback* da impressão que teve do comportamento do cliente nessa situação. Iria, por exemplo, apontar que com tal e tal pessoa o cliente evitara contato visual ou que encarara as pessoas ao invés de olhá-las.

Sob a forma de um outro experimento poder-se-ia examinar o modo como o indivíduo estabelece contato visual e experimentar novas possibilidades de comportamento. Um outro exemplo para se chegar à fronteira de contato:

Um homem num grupo, Victor, queixava-se resignado de que sua esposa se imiscuía de modo insuportável em sua vida. Colocava-se entre ele e qualquer um com o qual por acaso estivesse conversando. Solicitei-lhe então que continuasse a falar ao grupo e indiquei a uma das mulheres que se colocasse fisicamente entre ele e aquele com o qual estivesse falando no momento. Ela o fez energicamente... mas logo ele também começou a agir; queria continuar a se comunicar com os outros apesar da interferência da mulher. Começou a falar mais alto, tornou-se mais decidido no falar e no comportamento, disse à mulher que calasse a boca e não se colocasse sempre no seu caminho, deu voltas nela, empurrou-a com o cotovelo para o lado de modo que pudesse se colocar à frente dela e não se deixava impedir de continuar a conversar com os outros.

Ficou claro para ele durante essa cena, que desistira de sua anterior passividade; agora também podia reconhecer como até o momento havia cedido à sua esposa, partindo da idéia de ser ela mais fascinante que ele, deixando de lado qualquer tentativa de que as pessoas se interessassem por ele (Polster/ Polster 1977, pp. 226 ss.).

4.2.3 Princípio do fomentar a consciência

A gestalt-terapia se guia por uma supraconsciência. O objetivo de todo ser humano seria organizar de maneira integral e correta a totalidade de sua vivência. Para fazer isso, precisa tanto quanto possível estar consciente de si próprio e do outro — da totalidade e gestalt de si próprio e do outro (Kiernan 1978, p. 222).

A característica do neurótico é, segundo Perls, a falta de "autoconsciência". Na terapia procura-se restabelecer essa consciência.

A consciência (*awareness*) é por isso um termo central da gestalt-terapia e ao mesmo tempo um método central. É condição para uma mudança a aceitação dos sentimentos, desejos etc., existentes:

> A redescoberta da aceitabilidade da consciência — seja o que for que revele — é um passo importante na direção do desenvolvimento de novas formas de comportamento (Polster/Polster 1977, p. 196).

Por consciência a gestalt-terapia entende uma percepção exata das coisas que no aqui-e-agora acontecem "em mim, comigo e à minha volta" (Stevens 1977). Ao tornar-se o paciente gradativamente consciente de si próprio, irá descobrindo suas possibilidades para uma mudança:

> A consciência (*awareness*) fornece ao paciente sentido às suas próprias habilidades, ao seu próprio equipamento sensorial, motor e intelectual. Ela não é o estar consciente (*consciousness*) * — pois isso é só psíquico — ela é, por assim dizer, a experiência filtrada pelo espírito e pelas palavras. A consciência (*awareness*) ainda contém algo que transcende o estar consciente (*consciousness*). Do modo como trabalhamos, ou seja, com aquilo que o paciente possui, com seus meios atuais de manipulação e, em menor escala, com aquilo que não desenvolveu ou perdeu, o "consciente" ** dá tanto ao terapeuta quanto ao paciente o melhor dos quadros atuais de fontes de auxílio. Pois a consciência ocorre sempre no presente. Ela abre possibilidades de ação (Perls 1976b).

Consciência significa que o cliente encontra-se em condições de identificar sempre aquilo que lhe é mais importante, de formar gestalts claras no aqui-e-agora. Através dessa consciência de si próprio o cliente estará muito mais cedo em condições de realizar contatos com os outros. A consciência não significa portanto uma

---

* Em alemão: *Bewusstheit* (*awareness*).
           Bewusstsein (*consciousness*).
No uso comum, ambas as palavras seriam traduzidas do alemão, como consciência. (N. do T.).
** *Bewusst.* (N. do T.).

introspecção exagerada, mas uma combinação entre autoconsciência e "consciência de outrem".*

Através de uma autovisão crescentemente realista no transcurso da terapia, o cliente tem possibilidade de aceitar a si mesmo e assim também os outros. Ideais exagerados ou autodepreciações podem, através de uma autoconsciência sobre as próprias fraquezas e forças, ser paulatinamente eliminados.

Transposição para a terapia: "conscientize-se daquilo que ocorre em você, com você e à sua volta!"

Voltemos ao exemplo da perturbação de contato (4.2.1):

Enquanto o cliente está sentado à frente de uma pessoa do grupo, o terapeuta poderia lhe perguntar como está se sentindo, o que certas ações daquele que está à sua frente desencadeiam nele, o que gostaria de fazer agora e assim por diante. Todas as perguntas prestam-se para aumentar sua consciência, para que aceite os próprios sentimentos. Poder-se-ia solicitar, como experimento, que seguisse uma determinada sensação, para assim aumentar sua autoconsciência nessa situação.

Um exercício para fomentar a consciência nos níveis interno, externo e de mediação, seria, por exemplo, o seguinte:

Dois integrantes do grupo sentam-se frente à frente e devem num primeiro passo descrever o que vêem no outro (nível externo). No passo seguinte devem descrever as sensações concomitantes (nível interno). E por último, são solicitados a relatar ao outro as próprias fantasias a respeito dele (nível de mediação).

Perls e outros (1979a) desenvolveram um programa de treinamento perceptivo para o incremento do estar consciente. Também em *Kunst der Wahrnehmung* encontra-se inúmeros exercícios para um vivenciar consciente.

4.2.4 *Princípio do estímulo do* self-support

O desenvolvimento do *self-support,* da auto-ajuda, é uma das principais premissas para o sucesso da terapia. O problema do neurótico consiste em não se encontrar ele mais em condições de reconhecer sua possibilidade de ação e suas forças. Através de seu comportamento incomoda-se a si mesmo, constantemente. Segundo a concepção da gestalt-terapia, o neurótico é dotado de potencial para comportamentos adequados às situações, mas perdeu a capacidade

---

* *Fremdbewusstheit.* (N. do T.).

de reconhecê-lo e de colocá-lo conscientemente em prática no intuito de satisfazer seus interesses e necessidades. Por isso o objetivo da terapia é o de desenvolver sua capacidade para o reconhecimento desse potencial.

Transposição para a terapia: "obtenha sozinho aquilo de que necessita e não deposite esperança nos outros!"

Fundamental é o ponto de vista de que uma mudança só ocorre quando o próprio cliente promove essa mudança. Exemplo de estímulo de *self-support* na terapia poderia ser o seguinte:

Uma mulher sempre se queixa aos outros de estar entregue, pequena, indefesa e desamparada. Não consegue absolutamente se defender.

O terapeuta lhe propõe um experimento: "Vou agora oprimi-la e diminuí-la. Você irá dizer "eu não quero me defender". O terapeuta então oprime a cliente tanto verbal quanto fisicamente. Após aceitação inicial e representação do papel antigo, a cliente começa a se defender. Desenvolve uma força espantosa, mostrando um comportamento surpreendente.

O que aconteceu? Através da solicitação para que dissesse a frase "eu não quero me defender", a cliente foi jogada num dilema, que consistiu no fato dela ter de se identificar totalmente com sua parte passiva. Com o progressivo aumento da massa opressora mobilizou-se o pólo oposto, a parte ativa. Ela começou a se defender. Através da experiência na situação e dos *feedbacks* subseqüentes, percebeu que podia se defender muito bem.

Esse experimento foi então um método para a conscientização do próprio potencial não utilizado, servindo para a provocação do *self-support*. A instigação do *self-support* é imanente a todas as medidas tomadas na terapia.

4.2.5 *Princípio do arcar com a responsabilidade*

Outro importante princípio da gestalt-terapia é o arcar com a responsabilidade. Falamos freqüentemente "deveria", "existem pessoas" e assim por diante. Na gestalt-terapia serão eliminados esses "biombos de retórica" para se chegar a uma forma de comunicação direta e personalizada. O cliente deveria estar em condições de externar sua parcela nos distúrbios. Na maioria das vezes não está. No caso extremo do projetor, toda a culpa pelos próprios distúrbios é projetada sobre o meio, sobre uma pessoa qualquer, instituições etc. que serão, então, responsabilizados. O neurótico não está em condições de reconhecer como o seu próprio comportamento estereotipado, possivelmente sob a forma de *self-fullfilling-prophecy* tal como Richter pormenorizadamente a descreve, cria situações que provocam o seu fracasso. Na terapia, os mecanismos do "como" de um comportamento são expostos e trabalhada a sua participação nesses mecanismos. O cliente aprende a arcar com as responsabilidades por si próprio. Reconhecerá a existência de muito mais possibilidades de ação que até então percebera. Perls exemplifica:

Retomo mais uma vez a manifestação psicossomática clássica, a dor de cabeça. Os pacientes amiúde a apontam como um de seus piores sintomas. Reclamam que a dor de cabeça os tortura e quando comparecem para tratamento querem nos torturar com esses sintomas. Está certo que o façam. Mas nós devolvemos: exigimos deles que *utilizem mais responsabilidade* e menos aspirina. Agimos assim incitando-os a descobrirem pela experiência como produzem suas dores de cabeça. (A experiência "Ah!" da descoberta é um dos remédios mais eficientes) (Perls 1976b, p. 86; grifo do editor).

Com os avanços progressivos na direção do arcar com a responsabilidade das próprias ações e sensações, fortalece-se concomitantemente o *self-support*, dado que, com isso, o cliente vai se tornando cada vez mais ele mesmo. Não mais se esquivará, nem procurará culpados, no que, aliás, não precisaria mudar o comportamento; precisa, isso sim, reconhecer-se a si próprio como responsável.

Transposição para a terapia: "assuma a responsabilidade!"

Existe, na terapia, uma série de métodos para provocar a responsabilidade. Só podem, porém, ser eficazes se corresponderem à vontade do cliente. A aplicação meramente técnica de, por exemplo, certos jogos de interação não atingiria aquele objetivo.

O terapeuta fica atento no processo terapêutico para que os pacientes recebam *feedback* sobre afirmações em geral. Chama a atenção dos clientes para "nós", "a gente" e outras colocações semelhantes. Propõe que se experimentem afirmações na primeira pessoa "eu". O grupo fala então sobre suas sensações nos diferentes graus no geral ou no concreto das afirmações. O seguinte exemplo mostra a aplicação desse princípio:

Duas pessoas por vez sentam-se uma frente à outra e dizem, por aproximadamente cinco minutos, frases como as constantes da coluna da esquerda, abaixo, depois as correspondentes frases opostas, na coluna da direita. (As frases devem se referir a um mesmo tema, escolhido de comum acordo por todos, por exemplo, o trabalho conjunto de um grupo.)

eu não posso — eu não quero

eu preciso — eu me decido

eu tenho medo — eu me alegro / me aborreço

eu gostaria / ... não

O objetivo desse exercício é, portanto, dar mais conhecimento sobre si próprio, facilitando a capacidade de decisão e provocando a responsabilidade. A avaliação desse exercício será feita de maneira que cada uma das pessoas testa por si, vendo qual das duas frases é mais acertada para si própria ou se as duas frases o serão. (Além disso esse exercício é útil para fazer com que uma situação emperrada, por exemplo, um grupo de trabalho, entre novamente em funcionamento.) (Vide Frech *et al.,* Seminário "Introdução...", 1978).

Mais um exemplo:

O terapeuta poderia propor a alguém que reclamasse ter pouco contato no grupo, um experimento no qual se evidenciasse tudo aquilo que a pessoa faz para justamente dificultar o contato, deixando-lhe clara a sua participação no processo.

4.2.6 *Princípio do aprender pela experiência*

Toda a conceituação da gestalt-terapia objetiva que o cliente se experiencie cada vez mais intensamente. Por experiência entende-se a experiência global, que compreende o ser humano como um todo — físico *e* psíquico. O neurótico encontra-se extremamente restrito em suas possibilidades de vivenciar novas experiências. O objetivo é abrir-se novamente ao "livre trânsito da experiência". Os bloqueios, as fronteiras de contato voltam eles mesmos a ser na terapia objetos de experiência. O modo, a estrutura como o cliente vive experiências ou as evita, são transmitidos, ou seja, ele as vivenciará através de práticas apropriadas.

O importante é um contato autêntico (em oposição a conhecimentos intelectuais distanciados) e a própria atividade do cliente levará, segundo Perls, ao "meio de cura mais eficaz", à "experiência *Ah!* da descoberta".

Transposição para a terapia: "entre nas experiências!"

Em primeiro lugar, a situação terapêutica é uma disposição metódica. Devido ao fato de obter *feedback* através do grupo, o cliente poderá ter novas experiências, não comuns no dia-a-dia (franqueza, expressão de sentimentos e assim por diante).

Dando seqüência ao exemplo da pessoa que amiúde e longamente relata suas dificuldades em obter contato com o grupo, queremos estabelecer uma possível aplicação metódica do princípio.

O sintoma central das dificuldades do cliente em relação à obtenção de contato é o seu constante falar por cima, sem ir ao encontro do outro. Portanto, ele evita a experiência real do contato.

Um *experimento* para esse caso seria:

Propõe-se ao cliente sentar-se frente a cada um dos membros do grupo, comunicando-se por meio de contato visual. Ao fazê-lo deve observar os seguintes pontos:

* Quando me sinto seguro/inseguro?
* Para quem é fácil olhar, para quem não é?
* Como me sinto nisso?

Depois da comunicação, relata suas experiências e os membros do grupo e o terapeuta lhe darão *feedback*. Essa prática abre-lhe a possibilidade de sair do nível, isento de conseqüências do falar por cima, indo para o nível da experiência.

A gestalt-terapia desenvolveu ainda uma série de métodos que possibilitam um aprendizado orientado pela experiência. Alguns deles foram apresentados nos últimos parágrafos: experimentos, representação de papéis, viagens-fantasia; os chamados jogos de interação revestem-se de um caráter um pouco diferente quando efetuados como "jogos", baseando-se, porém, sobre experiências da gestalt-terapia.*

4.2.7 Princípio da gestalt fechada

Este princípio é a aplicação prática do ponto de vista teórico de que assuntos não resolvidos (= gestalts abertas) tendem a se fechar em gestalts boas e expressivas (vide 2.1.2). Enquanto estão abertas, as gestalts amarram energias e concentração, prejudicando a ocupação com uma outra tarefa. Só quando estiver fechada, a gestalt poderá se desfazer, dando lugar a outra. Naturalmente todos nós vivemos constantemente com inúmeras gestalts abertas. Ninguém está em condições de determinar *tudo* aquilo que iniciou, antes de começar a criar coisas novas. O problema consiste, todavia, no acúmulo de assuntos não resolvidos, que forçam de tal modo sua presença no primeiro plano, que ficamos prejudicados em nossa capacidade de agir no aqui-e-agora. Outra possibilidade consiste numa vivência traumática central que não foi trabalhada e que constantemente força sua presença no primeiro plano (por exemplo, alguém que tenha causado um acidente de trânsito e que se sinta co-responsável pela morte de uma pessoa).

No neurótico a dinâmica viva entre figura e fundo encontra-se bloqueada em pontos importantes. O objetivo da terapia é remover esses bloqueios através da solução de assuntos/situações não resolvidos.

---

* Vide Vopel (1978a): *Traumarbeit, Hausarbeit*. Neste livro Vopel aborda teoria e prática dos jogos de interação, os quais enfaticamente utiliza. Opinião sobre a utilização de tais jogos é dada por Perls (1976a).

*Transposição para a terapia: "não deixe que se criem assuntos
não resolvidos!"*

Eis um exemplo de solução de um assunto não resolvido na terapia:

Um membro do grupo queixa-se de distúrbios de concentração no trabalho. De passagem relata o aparecimento de tensões no relacionamento com sua namorada. Por duas semanas vem tentando manter com ela uma conversa aberta, mas não o consegue.

O terapeuta lhe propõe a seguinte experiência: "imagine que sua namorada encontra-se sentada sobre aquela almofada ali. Agora diga-lhe o que está querendo dizer há duas semanas". Depois de um tanto de conversa o terapetua. propõe uma troca de papéis.

Na situação relativamente livre de medo, do grupo terapêutico, o cliente poderá ensaiar a conversa e através do *feedback* do grupo e do terapeuta conscientizar-se do conteúdo real de seus receios. Na terapia evidencia-se que as perturbações no trabalho são conseqüência da relação não explicitada com sua namorada. Através da terapia, por um lado ficou mais fácil entender exatamente a relação existente entre os distúrbios no trabalho e o conflito e, por outro, mais fácil de se manter a conversa até então postergada.

4.2.8 Princípio da espontaneidade

Um princípio fundamental da gestalt-terapia reside no fato de que o cliente não deveria ser pressionado ou mesmo forçado a nenhum experimento, a nenhuma expressão de sentimentos ou coisa semelhante. A resistência que traz para a terapia é justamente o que se interpreta como seu distúrbio. O cliente precisa desfazer-se dessa resistência em discussões e com o apoio do terapeuta. O clima do grupo pode ajudá-lo nesse sentido. O trabalho, porém, é dele. O cliente amiúde tem dificuldade justamente em decidir até que ponto quer se exprimir, o quanto quer mostrar de si. Na terapia deve ficar claro que é ele quem decide. Um "não" é aceito tanto quanto um "sim" ou um "eu não *quero* me decidir". Entretanto, também lhe é esclarecido que ele é responsável pelas conseqüências resultantes de sua decisão.

O princípio da espontaneidade provém além do ponto de vista ético (perigo de manipulação), da conceituação teórica da gestalt--terapia. O cliente deve reencontrar ou pela primeira vez descobrir a sensação de seu ritmo contato-esquiva. Por isso precisa poder reconhecer suas necessidades, ou seja, aquilo que está em primeiro plano e assumir uma posição de responsabilidade com o mesmo. Para ser ele próprio, precisa decidir, a fim de não se submeter a novas introjeções, vindas do terapeuta como autoridade. Além disto existe o perigo de, por exemplo, ao ser pressionado pelo grupo a dar mais de si do que quer no momento, sentir-se supersolicitado, reagir com medo crescente ou, ao contrário, passar por cima de seu medo sem que isso se torne uma experiência assimilável.

Queremos acrescentar ainda algumas observações críticas. Em nossa opinião o princípio da espontaneidade também depende muito do estilo e da atitude do terapeuta. Por outro lado, um grupo terapêutico como esse, como qualquer outro, produz um sistema específico de normas. Sobre o membro do grupo é exercida uma pressão grupal. Por isso é necessário que se tematize na terapia o caráter específico da pressão grupal.

Transposição para a terapia: "faça somente aquilo que você realmente quer!"

O terapeuta, em primeiro lugar, sempre volta a chamar a atenção sobre esse princípio. Mais importante que essa explicação verbal é, no entanto, o seu comportamento real da situação de terapia. É importante que ele realmente aceite as decisões do cliente. Quando os membros do grupo desejarem forçar alguém a alguma coisa, ele esclarecerá esse fato.

O terapeuta diz claramente ao paciente/cliente aquilo que sente, por exemplo, que o cliente sempre se esquiva justo nesse ponto e que precisa aprender a se concentrar melhor nessas circunstâncias; que ele pode, porém, aceitar o fato se a experiência tiver sido suficiente até então.

Quando se propõe um experimento e os envolvidos se recusam a fazê-la, há de ser pelo menos de igual importância discutir o que o conteúdo da experiência desencadeou nas pessoas. É preciso, porém, que se entenda que uma maior ou menor insistência em espontaneidade depende também da estrutura da personalidade do terapeuta e de sua consciência a esse respeito. Gostaríamos apenas de dar exemplos possíveis para um melhor esclarecimento.

4.3 TERAPEUTA E GRUPO NO PROCESSO TERAPÊUTICO
4.3.1 *O terapeuta*

A gestalt-terapia é uma terapia vivencial baseada na experiência, sem um conceito teórico de terapia totalmente desenvolvido e provado empiricamente. Assim o comportamento do terapeuta se apóia nos princípios esboçados há pouco e nas suposições teóricas básicas existentes. Além disso, a personalidade do terapeuta, sua experiência profissional, sua intuição e espontaneidade desempenham um papel muito relevante. O espaço extremamente amplo obtido pelo terapeuta encerra grandes vantagens (criatividade, fantasia) e grandes perigos (diletantismo).

Por conseguinte existem diversas concepções quanto ao posicionamento e à função do terapeuta. Enquanto Perls, como terapeuta, assumia uma posição muito dominadora, na qual colocava o grupo quando lhe parecia ter sentido (Walter 1975, p. 244), nós, pessoalmente, tivemos outras experiências com grupos gestálticos, nas quais o terapeuta deixava o grupo se manifestar mais, e ele próprio se colocava em maior escala.

Ruth Cohn fornece uma lista das habilidades profissionais que o terapeuta, em sua opinião, deve ter.

> O que ele tem e do que precisa é de *capacidade profissional*. Faz parte desta o *tratamento com as emoções,* — empatia, intuição, sensibilidade — treinadas e testadas em anos de escuta e busca de consciência e de experimentos disciplinados. A essa capacidade pertence *também a capacidade cognitiva,* influenciada pelos estudos dos mestres e professores de psicoterapia e pela participação em *workshops* com amigos e colegas (Cohn 1975, p. 107).

Os critérios mencionados por Rogers (1974, pp. 79 ss.) também são válidos para os terapeutas gestálticos. Ele cita a empatia (esforçar-se por compreender o sistema de relações e sensações do cliente) como sendo uma capacidade que o terapeuta precisa adquirir, tanto como a congruência (autenticidade e integração). Por congruência entende que o terapeuta não deve se esconder por trás de uma máscara inexpressiva, como na análise ortodoxa, mas deve exprimir amplamente seus sentimentos frente ao cliente. Deve, segundo E. e M. Polster, ser "seu próprio instrumento":

> Poder-se-ia dizer que o terapeuta se torna a caixa de ressonância de tudo o que ocorre entre ele e o paciente. Recolhe e reproduz tudo o que se verifica nessa interação, esclarecendo-o de tal forma que integrará a dinâmica terapêutica. Quando a voz do paciente se torna áspera, ele faz funcionar a prontidão de sua reação, dizendo talvez: "Você me faz sentir como uma criança travessa" (Polster/Polster 1977, p. 31).

Na tese de que o terapeuta deve ser o seu próprio instrumento reside a diferença decisiva em relação às terapias de orientação não vivencial. A tese considera que ele há de estar, tanto em relação a si próprio quanto ao meio, em estado de vigília (*awareness*), devendo externar seus sentimentos e idéias. A ajuda que pode dar ao cliente consiste justamente na possibilidade de *feedback* sobre o comportamento deste. Walter reforça gestalt-teoricamente esses dois pontos de vista: por um lado, autenticidade e, como resultado desta, expressão de sentimentos e, por outro, consciência em relação aos dois pólos do processo terapêutico:

A crítica à tradicional recusa de reflexão sobre de onde um psiquiatra ou psicoterapeuta deriva os padrões para os seus diagnósticos corresponde à visão teórica gestáltica de que não só o cliente, mas também o terapeuta, é parte do "aqui-e-agora". No todo da dinâmica de interação que resulta do encontro de ambos a que tanto o cliente como o terapeuta não podem fugir: simpatia, antipatia, sentimentos paternais, de rivalidade e assim por diante, contrapõem-se a uma objetividade "sem carne e sem sangue", o que se verifica com maior veemência e conseqüência quanto mais se insistir em afirmá-lo (Walter 1975, p. 234).

Portanto, o terapeuta precisa ver que é parte do campo terapêutico, devendo empenhar sua pessoa, seu "humanitarismo".

A diferença fundamental entre terapias humanísticas, em especial a gestalt-terapia, e as outras, consiste na rejeição do modelo médico em favor do modelo educacional.* Assim, a tarefa principal do terapeuta consiste mais na ativação e no fortalecimento de tendências positivas (*self-support*) e menos na procura das causas de doenças.

4.3.2 O grupo

A gestalt-terapia pela forma em que foi desenvolvida por Perls dedicava-se em termos de mais ênfase ao indivíduo e menos ao grupo ou ao processo grupal. Assim ficou constatado

... que o grupo com Perls tinha um papel modesto e uma forma totalmente estruturada pelo seu mediador; podia desenvolver atividades próprias somente por solicitação direta deste. Perls o "acionava", não lhe concedendo significado próprio no âmbito do processo grupal (Walter 1975, p. 244).

No primeiro plano da terapia situa-se a relação entre um membro do grupo e o terapeuta. Ruth Cohn reproduz suas experiências com o método de Perls de uma forma a fortalecer a impressão relativa ao papel do grupo que se tem da leitura dos livros dele:

O marco principal do método de Perls consiste no fato dele elevar praticamente à condição de tabu a interação no grupo. "Quem quer trabalhar comigo agora? Estou à disposição" diz a oferta. O paciente é sempre um voluntário com quem Perls trabalha 10 ou 100 minutos, dependendo da situação, enquanto o grupo essencialmente observa (Cohn 1975, p. 70).

No centro da terapia está portanto o indivíduo. Varia de terapeuta para terapeuta, porém, o valor dado ao *feedback* do grupo. Depois de um trabalho desse tipo cada um pode dizer, se quiser, que sentimentos lhe foram despertados. Desses pronunciamentos

---

* Perls defende "o fim da separação artificial" em terapeuta e pedagogo, em psicólogo, pedagogo, sociólogo. Walter (1975) elaborou a diferença entre os modelos médico e educacional.

pode resultar novamente um ponto de partida para um outro trabalho individual com um dos membros do grupo.

Em Perls a gestalt-terapia tende a ser aplicada como terapia individual (o grupo permanece passivamente ao fundo). Mas não é necessário que seja assim. Segundo nossa concepção, a gestalt-terapia como terapia de grupo é mais real, oferecendo consideravelmente mais possibilidades de alcançar seus objetivos.

Pela nossa própria experiência podemos afirmar que também existem alguns terapeutas que tentam incluir mais o grupo. Assim pode-se, utilizando certos temas relativos ao grupo, fazer exercícios com pares, com o grupo etc. O processo grupal em si precisa em nossa opinião ser sempre tornado tema. Segundo o princípio do aqui-e-agora, justamente o comportamento do indivíduo no grupo oferece um ponto de partida favorável para consciência e novas possibilidades de comportamento. Esse ponto foi por demais subestimado por Perls. Nesse sentido ainda pode ser produtivo, se a situação terapêutica segundo Perls, relatada por Cohn for a tal ponto modificada, que atividade e auto-responsabilidade do grupo adquiram valor e espaço maiores.* Através da participação dos membros do grupo no desenrolar dos trabalhos individuais, eles vão pouco a pouco aprendendo que seus próprios conflitos e problemas não são tão estranhos assim, mas aceitáveis. Pelo fato de que praticamente todos pessoalmente se empenham, cria-se, passo a passo, um clima de confiança que permite uma maior franqueza. A participação e a resolução dos problemas de outrem possibilitam uma maior possibilidade de compreensão de si mesmo e dos outros. O grupo oferece, além disso, a possibilidade de experimentar o aqui-e-agora com outras pessoas. Como a gestalt-terapia parte da suposição de que o cliente reproduz no aqui-e-agora do grupo dificuldades iguais ou semelhantes às do dia-a-dia, procurar-se-á uma saída com o apoio do terapeuta e dos membros do grupo.

---

* Vide o método de Rogers em grupo. Exemplos práticos explicados em Rogers 1974.

5.

Observações críticas à teoria e à prática da gestalt-terapia

Ao tratar da gestalt-terapia existem, sob nosso ponto de vista, duas problemáticas fundamentais que devem ser observadas: de um lado os perigos resultantes de uma utilização abreviada da gestalt--terapia; de outro, os resultantes de uma aplicação consciente da gestalt-terapia no sentido de impor interesses velados. Para melhor compreensão citaremos alguns exemplos:

Perigo da superenfatização do como

A concentração sobre o como (da estrutura) do distúrbio no aqui-e-agora leva a uma negligência do porquê (da causa) do distúrbio. Existe então o perigo de que não se perceba que as causas dos distúrbios psíquicos estão vinculadas às condições sociais de vida. Além disso corre-se o risco de se despertar a ilusão de que somente a compreensão da estrutura de um distúrbio no aqui-e--agora bastaria para resolver de modo duradouro a neurose do cliente sem mudança de seu meio social.

Perigo da introdução velada de um novo sistema de normas

O sistema da gestalt-terapia coloca implicitamente normas (mostre seus sentimentos, fale por você, fique no aqui-e-agora etc.), cuja aplicação pode colidir com o princípio da espontaneidade.

O terapeuta as transmite através de seu comportamento na terapia. Por ele estar, via de regra, ocupado positivamente, os membros do grupo se orientam pelas normas dele provenientes. Adicionalmente formam-se ainda normas específicas do grupo. É certo que o princípio da espontaneidade é enfatizado. Se não corresponder ao sistema de normas existentes mas não verbalizadas, o cliente deverá contar com sutis sanções. Assim há de ser observada a formação de um comportamento *insider* entre os clientes experientes em termos de gestalt. Isso ficará caracterizado de modo extremo por uma linguagem própria (utilização forçada de modelos gestálticos de verbalização) e por formas específicas de procedimento (acariciar, exprimir sentimentos, não utilizar palavras duras). Conquanto a intensidade pela qual o cliente se coloca no grupo deva ser espontânea, muitas vezes desenvolve-se um princípio oculto de desempenho por meio de expressão de sentimentos.

Perigo de considerar como tabu o falar por cima

O falar por cima difundido em nossa sociedade leva a uma forma estéril e despersonalizada de comunicação. Se o falar por cima é, no entanto, considerado como tabu de forma ritualizada, isso significa ampla renúncia à discussão sobre temas não relacionados diretamente à pessoa. O tabu do falar por cima, por vezes encontrado em grupos gestálticos, acarreta uma visão egocêntrica e ignorante das coisas, quando da avaliação de problemas sociais — se de todo estes ainda chegarem a ser refletidos.

Perigo da perversão de modelos de verbalização da gestalt

Os modelos de verbalização da gestalt (fale pelo eu, exprima seus sentimentos) devem servir à clareza e à personalização da comunicação. Muitas vezes, porém, não se nota que apenas a utilização desses modelos não significa ainda clareza e personalização. Pois o seu uso de forma não assimilada leva à comunicação ritualizada, podendo acarretar uma hábil dissimulação de interesses velados.

Perigo da degeneração da gestalt-terapia em um novo movimento de fuga

Se a gestalt-terapia degenera para uma egocêntrica "mostra de umbigo" conjugada à falta de consciência sobre a necessidade de ativamente promover a própria mudança ao mesmo tempo que a da sociedade (o meio social, político, econômico e cultural), existirá então o perigo de que seja despertada a ilusão de possibilidades de mudanças profundas. Quando observamos o crescimento das atividades psíquicas nos Estados Unidos, reconheceremos tendências de transformar a gestalt-terapia em uma ideologia de mudança, que ocorre exclusivamente nos níveis da consciência e nas horas livres.

Na sua expressão máxima, isso acarretará o "fenômeno de dois mundos": de um lado, o grupo de encontro nas horas livres ("aqui eu posso ser um ser humano"); do outro, o mundo do trabalho e do cotidiano ("aqui eu preciso funcionar"). Sem ser capaz de fazer com que os dois mundos entrem em sintonia, o grupo de encontro poderá converter-se numa droga para a fuga da desagradável realidade social. A mudança necessária das estruturas sociais é assim projetada exclusivamente no indivíduo.

Em parte, tais grupos já adquiriram um caráter de seita (analogamente aos movimentos de fuga, como se manifesta, por exemplo, nas religiões de jovens).

Perigo da comercialização

Claramente existe em nossa sociedade um grande déficit de habilidade de comunicação nas relações interpessoais, o que é descoberto como novo mercado. Amiúde não se percebe que o "psicomercado", que se encontra em franca expansão, também é regido pelas leis capitalistas de produção. Isso se evidencia tanto no terapeuta quanto no cliente, sendo o valor de aplicação paulatinamente sobrepujado pelo valor de troca:

• Do lado do *terapeuta*: a gestalt-terapia, é, sob o aspecto de sua aplicação, a ferramenta, aquilo que lhe permite o exercício profissional e que pode levá-lo ao reconhecimento e à realização pessoal.

• Sob o aspecto de troca, a gestalt-terapia pode elevar seu valor de mercado. São desenvolvidos vários índices para o cálculo do valor de mercado (formação na América com autoridades reconhecidas e assim por diante).

• Do lado do *cliente*: sob o aspecto de sua aplicação, a gestalt-terapia representa ajuda no tratamento de neuroses e na auto-realização.

Sob o ponto de vista de troca, a participação num grupo gestáltico poderá se desenvolver no sentido de símbolo de *status* ("eu estive recentemente na Ruth Cohn"). Considera-se *in* participar de um grupo ("infelizmente amanhã eu não posso porque tenho terapia"). Não é indiferente em qual terapeuta se vai, pois a aura que o envolve é fator decisivo. Pelo preço do terapeuta tiram-se conclusões progressivas quanto à sua qualidade. O pagamento de 800 marcos por três sessões não constitui raridade.

Na comercialização da gestalt-terapia cristalizam-se duas tendências:

• Gestalt como *meio para estruturar as horas livres*: a gestalt é utilizada como meio de estruturar as horas livres sem uma vontade real de mudança. A excitação dos "psicojogos" serve à fuga do cotidiano insípido. Toda a atmosfera dos *workshops* é direcionada para espalhar um clima de aventura, sentido, excitação e exclusividade.

- Gestalt como *psicotécnica para executivos*: relativamente à concepção da "humanização do mundo de trabalho", os executivos administrativos procuram caminhos e meios para enfrentar a alienação do operariado de suas empresas e produtos. Assim procedem por estarem cônscios da grande importância de que se reveste o ambiente positivo de trabalho na otimização do fluxo de produção.

Nesse contexto, a gestalt pode degenerar em psicotécnica para executivos na consecução mais efetiva de metas empresariais. Aos empregados simulando-se interesse humano, quando na realidade há interesse em que funcionem perfeitamente.

SEGUNDA PARTE

O QUE É GESTALTPEDAGOGIA?

6.

Da gestalt-terapia à gestaltpedagogia

Gestaltpedagogia é o termo abrangente para conceitos pedagógicos que se orientam extensamente nas idéias teóricas e práticas da gestalt-terapia e da gestaltpsicologia.

Petzold diferencia "três direções gestaltpedagógicas principais":

(1) Confluent education

Sob a direção de George I. Brown, um grupo de pedagogos californianos examinou em 1967 "... a co-atuação de gestalt-terapia e de processos de aprendizagem na sala de aula..." (Brown 1978, p. 13). Devido ao seu trabalho em conjunto com Perls no Instituto Esalen, Brown adquiriu experiências abrangentes como terapeuta gestáltico e *awareness-trainer*. Com o financiamento da Fundação Ford foi executado um amplo programa de pesquisa:

Era nossa tarefa desenvolver um currículo e uma metodologia, que abrangessem os campos afetivo e cognitivo da aprendizagem e que possivelmente facilitassem sua co-atuação ou integração. Esta integração ou *confluence*, como foi mais tarde denominada assentou-se como postulado essencial para um aprendizado significativo e relevante (*idem*).

O projeto alcançou forte ressonância, seguindo-se um outro apoiado pela Fundação Ford, o programa DRICE (*Development and Research in Confluent Education*). Em decorrência desse trabalho abrangente existe uma série de valiosas experiências sobre a aplicação dos princípios da gestalt no ensino, relatadas por Phillips (1978, pp. 13-31).

(2) *Interação centrada no tema (ICT)*

A ICT é um método desenvolvido por Ruth Cohn e seus colaboradores no *Workshop Institute for Living Learning* que, levando em conta a personalidade do participante e suas dificuldades, tem por objetivo transmitir um assunto:

> Procura-se encontrar equilíbrio entre o tema (isto), o indivíduo (eu) e o grupo (nós). O método de Cohn recorre para a formulação de importantes regras aos princípios da gestalt-terapia, fundando-se no experimentalismo e na psicologia humanística ... (Petzold/Brown 1977, p. 12).

(3) *Pedagogia integrativa*

Essa abordagem é atribuída a colaboradores do *Fritz Perls Institut Düsseldorf*, entre eles Petzold:

> Junto da gestalt-terapia, recorreu-se ao psicodrama de Moreno e ao teatro terapêutico de Iljines para tornar realidade, nos campos social e ecológico, o aprendizado cognitivo, afetivo e somato-motor. Diferentemente da *Confluent Education*, atribui-se, através da educação respiratória e dos movimentos, maior valor à dimensão corporal ... (*idem*, p. 13).

A conceituação das diferentes abordagens da gestaltpedagogia é por vezes obscura. Não se deve perder de vista que a gestaltpedagogia representa uma abordagem no sentido de utilizar idéias e princípios da gestalt-terapia na pedagogia. Enquanto a gestalt-terapia conta com uma longa prática, a gestaltpedagogia encontra-se bem no princípio. Corrobora-se esse fato nos dois volumes-coletânea que apareceram na Alemanha a respeito da gestaltpedagogia (*idem*; Brown 1978). Numa coletânea relativamente não sistemática de artigos fornecem-se exemplos práticos da pedagogia integrativa. São descritos antes pelo seu caráter experimental que pela aplicação adequada de uma teoria.

Besems (1977) e Phillips (1978) dedicam-se à tentativa de esboçar o contorno teórico. Besems desenvolve o conceito de um ensino "inter-subjetivo", enquanto Phillips fala de *confluent education*. Comum aos dois, reside o fato de se utilizarem dos princípios mais importantes da gestalt e da imagem do ser humano da gestalt--terapia. Besems relativiza porém essa abordagem. Salientando continuamente as condições sociais, exigindo que se as incluam como elemento de formação.

Em geral os autores mencionados encontram dificuldade em determinar de modo exeqüível aquilo que é específico na gestaltpedagogia. Evidencia-se assim que está fora de cogitação uma teoria da gestaltpedagogia que forneça um enfoque prático e relevante ao comportamento consciente no campo da educação. Em nossa opinião, o aparecimento das diversas escolas (por exemplo, a diferenciação entre *confluent education* e "agogia integrativa") num momento tão precoce de desenvolvimento teórico e prático da gestaltpedagogia depende antes das tentativas por parte dos autores de traçar um perfil que de necessidades de conteúdo. A tentativa forçada de Petzold * de encontrar uma diferenciação em relação à *confluent education* se desvia do objetivo, pois ele age como se existisse um conceito firmemente delineado e distinto nesse sentido. Sob nosso ponto de vista, as divisões levam a novas distorções, caracterizando-se práticas iguais ou parecidas com terminologias diferentes. Da referida coletânea de artigos sobre gestaltpedagogia, percebe-se justamente que o trabalho dos "gestaltpedagogos" contém uma série de objetivos comuns, cujo menor denominador comum, como veremos adiante, talvez tenha sido descrito por Phillips.

Para darmos uma visão dos objetivos e métodos da gestaltpedagogia em sua amplitude, apresentaremos primeiramente os objetivos educacionais e os valores da gestaltpedagogia e sobre esse fundo reproduziremos a crítica da gestaltpedagogia a respeito da realidade escolar. Em seguida, mostraremos como os princípios e os métodos gestálticos podem encontrar entrada no ensino escolar. Para demonstrá-lo servimo-nos da reprodução de uma experiência de ensino orientado gestaltpedagogicamente. A análise das possibilidades e dos limites da utilização da gestaltpedagogia na escola pública, bem como o plano em etapas e a unidade-modelo de ensino formam a conclusão.

---

* É válido que Petzold tente manifestamente desenvolver um conceito próprio. Parece, contudo, existir em todos os gestaltpedagogos uma prática sensivelmente diferente, que por isso não pode ainda ser caracterizada como uma abordagem totalmente divergente e própria.

7.
Objetivos educacionais e valores da gestaltpedagogia

A orientação pessoal fundamental é de grande significado para todos aqueles que atuam em atividades educacionais, portanto, para professores. Isso não se restringe somente à clareza sobre os objetivos de sua própria vida e o seu sistema pessoal de valores. O professor deverá ter clareza também não só sobre os objetivos a serem alcançados no seu ensino e educação, como sobre os objetivos cognitivos, mensuráveis, que podem ser inquiridos, e sobre os objetivos afetivos e sociais de seus ensinamentos. Do ponto de vista da gestaltpedagogia não existem ciência, teorias ou pedagogia isentas de valores. Por isso é importante que se coloque o sistema de valores à mostra para que se os tenha claros.

Objetivos, meios e conteúdos de ensino encontram-se em dependência recíproca e precisam se harmonizar. É importante que, primeiro, se tenham claros os objetivos para, a seguir, se pensar com quais métodos e conteúdos eles podem ser melhor alcançados.

O que são afinal os objetivos da gestaltpedagogia?

Os objetivos da gestaltpedagogia derivam das suposições básicas, dos conceitos e dos princípios da gestalt-terapia e da psicologia humanística. Os conceitos gerais e abrangentes da gestalt-terapia como

- auto-encontro
- auto-realização/auto-satisfação
- recuperação de partes perdidas e reprimidas da pessoa
- crescimento pessoal
- desenvolvimento do potencial humano como um todo
- auto-responsabilidade

107

- estímulo da consciência
- concentração sobre o aqui-e-agora

são todos também objetivos da gestaltpedagogia.

A gestaltpedagogia parte, na colocação de seus objetivos, das seguintes *suposições antropológicas básicas*:

- O ser humano é no fundo um organismo digno de confiança.
- O ser humano carrega em si um enorme potencial de possibilidades, cuja liberação depende somente da criação das premissas correspondentes.
- O ser humano é um ser social.
- O ser humano é por si ativo e por isso muda-se a si mesmo constantemente e suas relações com o meio (Rubeau 1978).
- O indivíduo visa um desenvolvimento global de suas capacidades e possibilidades.
- As ações do ser humano só podem ser compreendidas em sua totalidade.

Pode-se formular como *objetivo abrangente* da gestaltpedagogia:

INTRODUÇÃO

- à formação das próprias capacidades e habilidades
- ao sentir e realizar os próprios potenciais e possibilidades
- ao livrar-se de bloqueios que tolhem (Frech 1977/78).

Esse objetivo abrangente desdobra-se nos seguintes objetivos *fundamentais*:

- conhecer e reconhecer, bem como desenvolver as próprias necessidades e interesses (tanto subjetivos como objetivos)
- perceber as possibilidades de aumento dos potenciais de ação e vivência (experimentar)
- formar relações produtivas que se renovem constantemente entre
  — disciplina e espontaneidade
  — agir segundo as necessidades instantâneas e "colocar entre parênteses"; hierarquizar as necessidades
  — livre decisão e responsabilidade
  — polaridades individuais (por exemplo, proteger e ser protegido)
- autodeterminação (em oposição à heterodeterminação) na consciência de laços sociais (vide Unidade indivíduo-meio)
- engajamento social e consciência da auto-responsabilidade (vide A unidade do ser humano como determinante e determinado)
- estímulo da autonomia pessoal
- estímulo da capacidade de vivência e sensitividade
- "abertura" para a "exigência da situação", ou seja, a capacidade e a prontidão de compreender essas exigências e agir de acordo com elas. (Metzger 1975a, p. 23)

É, pois, objetivo central da gestaltpedagogia possibilitar ao indivíduo o desenvolvimento completo ·de suas capacidades e de todo seu potencial. Para tanto, segundo a visão da gestaltpedagogia, é apenas preciso que se criem as condições necessárias. Metzger (*idem*, pp. 42 ss.) cita para tal três pontos básicos:

(1) É preciso transmitir à criança (ao jovem) *o sentimento de que pertence, de que faz parte.*

(2) A dignidade da criança ou do jovem deve ser preservada; é preciso *transmitir-lhes o sentido de* "equivalência".*

(3) *A coragem e a autoconfiança* da criança e do jovem devem também ser *preservadas* ou, se for o caso, restabelecidas (*idem*, pp. 42 ss.).

A maioria dos objetivos citados serve, na consecução de um outro objetivo central da gestaltpedagogia, para levar em conta, de forma adequada, o aspecto emocional no processo de aprendizagem.

Dependerão única e exclusivamente da maneira individual com que cada gestaltpedagogo trabalhar os conceitos teóricos e os fragmentos da gestalt-terapia relativos à gestaltpedagogia no ensino, se os objetivos da gestaltpedagogia se tornarem individualistas sem relação com o meio, ou se o desenvolvimento da personalidade e da capacidade de participar e influenciar o meio político-social no sentido de uma representação ativa de interesses comuns formar uma unidade. A dimensão prática da gestaltpedagogia se torna clara no conceito da unidade indivíduo-meio. Se esse conceito for suficientemente considerado no ensino, a gestaltpedagogia não será um meio para fomentar objetivos meramente individualistas.

Causa ceticismo o fato de que aos poucos gestaltpedagogos que chegam a formular explicitamente seus objetivos, falta relação com o conceito político-social. Exceção a isso é a colocação de objetivos feita por Besems. Em relação à sua concepção de um "ensino intersubjetivo", Besems (1977, p. 60) cita quatro objetivos amplos:

No conceito de Besems a prática social é vista como um critério central de consciência. O afastamento da estreita moldura da escola, a relação com a mudança direta do meio social, a unidade de conhecimento e ação levam a sério a abordagem crítica da gestaltpedagogia no sentido de Paul Goodman.

(1) *A autoconscientização e a ampliação das próprias possibilidades, dos modelos de comunicação e do comportamento frente aos outros e às coisas, e das possibilidades de mudança direta do meio social.*

---

* O sentido de que vale tanto quanto os outros. (N. do T.).

(2) *Proporcionar discernimento sobre o próprio funcionamento e sobre as relações históricas e sociais desse funcionamento nos contextos interpessoal e social.*

O exame de contextos de comunicação não pode se restringir à análise de relações interpessoais pois, caso contrário, criar-se-ia o perigo de hipostatização de figuras, tal como foi elaborado por Schülein (1976). Só a inclusão dos contextos histórico e social forma a base do "discernimento".

(3) *A ampliação das possibilidades de escolha do indivíduo quanto a si próprio, quanto aos outros e em relação ao mundo.*

Partindo de experiências próprias e da tematização do relacionamento com o grupo (por exemplo, com a classe), trabalha-se o relacionamento com o mundo, analisando-o e examinando sua capacidade de influência. Esse terceiro objetivo amplo dá, ao mesmo tempo, uma boa indicação do método pelo qual é realizável.

(4) *Criar premissas a fim de racionalizar o discernimento da interdependência de funções e, assim, possibilitar a representação ativa de interesses.*

A consciência, o contato servem à representação ativa de interesses. Conforme Besems, os conceitos da gestalt-terapia somente são realizáveis num relacionamento recíproco condicionante, entre tornar-se consciente e ação.

A abordagem essencial da gestaltpedagogia é formulada resumidamente como segue: partindo das necessidades dos indivíduos, tenta-se desencadear um processo de crescimento, que tem como meta a modificação do indivíduo e do meio. Desde que o ser humano aprende a ser ele mesmo, modifica-se também o seu relacionamento com o meio. Por outro lado, ele reconhece que, para achar-se a si mesmo, deve também modificar o seu meio. A gestaltpedagogia, como nós a entendemos de acordo com Besems, não objetiva nem um retraimento em si próprio, nem segue a concepção defendida por alguns marxistas dogmáticos segundo a qual a modificação do indivíduo tem como premissa a modificação da sociedade. Ao invés disso, enfatiza o paralelismo e a relativa simultaneidade dos dois aspectos, de encontrar-se a si mesmo e de atuar sobre a sociedade.

8.

A crítica da gestaltpedagogia à realidade escolar

Paul Goodman (1975) criticava já em 1964 o seguinte desenvolvimento nos Estados Unidos que, desde os anos setenta, também se impõe crescentemente entre nós: a centralização e a burocratização das escolas, o reduzido direito de discussão dos diretamente envolvidos. Mais adiante, exige, semelhante a Illich, *a eliminação do sistema escolar compulsório*:

O problema que a princípio se nota, é que o sistema escolar obrigatório se tornou, exatamente como toda a nossa economia, política e padrão de vida, um empreendimento do tipo beco sem saída. O sistema escolar compulsório não se destina mais a assegurar o máximo de desenvolvimento de futura utilidade prática para as crianças num mundo em transformação, exigindo, ao invés, tecnocracia inadequada para objetivos exteriores a prazo lamentavelmente curto. Mesmo quando bem intencionada, a escola depara com as mortais garras burocráticas de uma concepção uniforme, a começar pelas universidades, o que de nenhuma maneira se amolda à multiplicidade das disposições e condições. Hoje em dia, 100% das crianças são obrigadas a permanecer, doze anos pelo menos, numa espécie de jaula ... Como conseqüência é preciso que, se quisermos começar a fazer experiências com educação realmente universal atingindo o que promete, nos livremos da escola compulsória (*idem*, p. 38).

Goodman está convencido de que o sistema escolar em prática antes prejudica que ajuda os alunos. Estabelece algumas regras sobre como imagina um modelo alternativo:

* Exige autenticidade nas situações de aprendizagem. Nesse ponto concorda com Rogers e Illich. Todos os críticos são unânimes em afirmar que a cisão artificial entre escola e sociedade precisa ser eliminada.
* Exige maior grau de espontaneidade no ensino (análogo a *Summerhill,* vide Neill 1969).
* A separação da juventude do mundo dos adultos deve ser eliminada.
* As escolas públicas devem ser descentralizadas em unidades de 20 a 50 alunos.
* Exige contato com a "escola da vida" (*idem*, pp. 29 ss.).

111

Na seqüência apontaremos os pontos centrais de crítica da gestaltpedagogia à realidade escolar.

Ao invés de escolas de massa, "mini-escolas" descentralizadas

Nas unidades descentralizadas existe a vantagem da visualização, do importante contato pessoal e da participação. O crítico científico E. F. Schumacher realça em seu livro *Small is beautiful* a importância dessas unidades descentralizadas e visualizáveis para a realização das necessidades humanas. Em visita à Holanda em 1978 pudemos nos convencer, em visitas a algumas escolas, das vantagens de estabelecimentos menores (em parte com cinco a seis professores). Quando na Alemanha pensamos em escolas pequenas, vem-nos logo à mente as provincianas "escolas anãs" * de antecedentes negativos. O exemplo holandês mostra que em unidades menores e descentralizadas é mais fácil aplicar tendências inovadoras através dos respectivos corpos docentes. Como dá especial ênfase ao desenvolvimento da personalidade, sendo relevante o contato autêntico, direto e consciente entre o próprio processo de vida e o meio, a gestaltpedagogia dá preferência ao trabalho com grupos pequenos.

Ao invés de seleção, estímulo

A gestaltpedagogia repudia a função seletiva nas escolas. Diante do fundo, do modelo educacional e da concepção de crescimento parte do princípio de que o pedagogo, em diversas situações, está em condição de promover todas as crianças. Daí resulta que o sistema de notas, incentivador de concorrência, é rejeitado. Goodman (1975) lamenta que isso faça com que todo o sentido e prazer do aprendizado desapareçam. Salienta o fato de que a concorrência pelas notas relaciona-se com o mercado de trabalho:

A feroz concorrência nos trabalhos de classe e por notas mostra que o mercado de habilidades e aprendizado não está aberto, antes fechado. Relativamente poucos são os empregadores que admitem jovens que exerçam árduas críticas, na maioria das vezes nenhum desses críticos inflexíveis recebe tarefa autônoma. Isso significa que, no resultado final, algumas grandes empresas gozam da vantagem de ter um enorme processo de filtragem e seleção — todas as crianças passam por um processo de estampagem e todas pagam (*idem*).

Goodman refere-se, porém, às condições prevalecentes nos Estados Unidos. Se, no entanto, lemos a descrição sobre a aplicação

---

* Em alemão: *Zwergschule*. (N. do T.).

112

anual — em parte sob proteção policial — dos exames nacionais, deparamos com o quadro do desenvolvimento de um sistema de formação baseado na padronização, na concorrência e em desempenhos unilaterais — um desenvolvimento que estamos prestes a pôr em prática.

Ao invés de padronização e planificação, aprendizagem autodirigida e criatividade

Os trabalhos padronizados, chamados currículos científicos, prescritos para os estabelecimentos do mesmo tipo, perturbam, segundo a concepção gestaltpedagógica, o processo de aprendizagem, acarretando a estratificação, visto serem adequados a um padrão e não ao indivíduo. Certamente faz sentido desenvolver currículos para certas habilidades. O ponto crítico consiste na verdade no compromisso de padronização. O professor deve ensinar a matéria de tal e tal forma até tal data, fazendo a verificação através de um exame padronizado. Esse procedimento destrói, segundo Rogers (1974), a motivação dos jovens. Ele exige:

- um currículo não prescrito, nem rígido
- tarefas escolhidas e não padronizadas
- ensino autodirigido dos alunos
- "testes padronizados perdem sua posição de escalas santificadas". Ao invés disso os que aprendem determinam suas próprias notas, ou elas se tornam uma escala relativamente sem importância.

Dentro do projeto DRICE pesquisaram-se as escalas e Rogers apresenta a partir daí alguns exemplos impressionantes para mostrar a viabilização dessas idéias.

Ao invés de ensino segundo princípios de matéria e horários, ensino em unidades integradas em sentido

No ensino escolar normal menospreza-se o aspecto integrativo de que todo conhecimento e todas as matérias estão interligados por grandes estruturas e linhas e que a separação em disciplinas individuais é algo artificial, pois a divisão inexiste no mundo físico, na natureza. Dessa forma o conhecimento do ambiente e do mundo é fracionado também para os alunos, gerando-lhes dificuldades em constituir um todo significativo a partir de conhecimentos fragmentados — se estes revestirem-se de significado. Ao invés, a gestaltpedagogia exige o aprendizado em unidades integradas em conteúdo, correspondentes aos contextos reais de vida.

113

Ao invés de superenfatização do cognitivo, integração

A leitura dos planos de diretrizes de Berlim * mostrará que os objetivos emocionais e sociais do ensino não são considerados nem de longe como cognitivos.

Após o exame da realidade escolar, Garlichs (1974) chega a uma avaliação semelhante:

Os objetivos do ensino fundamentam-se predominantemente no âmbito cognitivo; à dimensão afetiva do aprendizado concede-se no máximo um valor instrumental (por exemplo, motivação de desempenho, interesse em pesquisar) (*idem*, p. 447).

Nas escolas as posturas repletas de emoções, como curiosidade (relacionada com a matéria prescrita), ânsia de saber, aplicação etc. são bem vistas.

De resto as emoções tornam-se totalmente indesejáveis, sendo consideradas — por estarem geralmente atrapalhando a transmissão rápida e sem problemas de conhecimentos — como perturbações inoportunas e tratadas de acordo, ou seja, ignoradas ou punidas de alguma forma. Para a sua classificação não faltam expressões da ciência da educação: inquietação motora fina (brincar com objetos, auto-estimulação), inquietação motora bruta (balançar, levantar, mover a cadeira giratória), comportamento verbal incomodativo (tagarelar, proferir expressões indesejáveis como "senhor professor"), contato físico (bater, empurrar, brigar, bater com ou sem objeto), interesse por irrelevâncias (olhar pela janela, fixação de pessoas ou objetos irrelevantes, fazer lições de casa).**

O que ocorre? A escola simplesmente passa por cima de um fato antropológico óbvio, o lugar comum de que o ser humano não se compõe só de uma cabeça que deve ser treinada; também é dotado de psique e sentimentos e ambos, psique e sentimentos, vivem num corpo e mutuamente se influenciam. Na gestalt-terapia isso se chama de unidade corpo-mente-alma do ser humano. Portanto, a escola perdeu a visão do óbvio. A conseqüência é que essa situação deixa muito a desejar em relação ao desenvolvimento da personalidade dos alunos, ou seja, a consideração de seus sentimentos, valores, atitudes e comportamentos.

- Os alunos sentem só difusamente o que é e o que não é importante.
- Não entendem suas próprias formas emocionais de reação; algo acontece com eles, ou também não acontece nada.

---

* Em alemão *Berliner Rahmenpläne*. (N. do T.).
** Classificações de um formulário de observação de discípulos do Instituto Max Planck de Munique, utilizado num projeto de promoção de alunos socialmente prejudicados em 1972 na escola pública de Selb/Bavária.

- Dependem socialmente em alto grau dos outros.
- Manipulam o meio a fim de obterem apoio emocional.
- Bloqueiam a si próprios na consecução de seus objetivos.
- Não conseguem distinguir claramente a fantasia da realidade.
- Evitam todos tipos de sentimentos negativos.
- Desconhecem suas próprias forças.
- Oscilam entre obediência e insolência frente a normas impostas externamente. (Frech 1977/78, p. 1).

Onde se encontram, em escolas regulares, objetivos de ensino como aprendizagem de prestatividade, solidariedade, capacidade de compreensão (do outro), capacidade de decisão, educação para a auto-responsabilidade, para a cooperação (ao invés de rivalidade), para a criatividade e espontaneidade? Onde ficam objetivos de ensino como treino da capacidade de percepção sensorial, de exercícios de auto e heteropercepção e de suas expressões verbais diferenciadoras, percepção de sinais não verbais, exercícios de percepção e expressão de sentimentos? Se tais objetivos de ensino ou intenções são encontrados mesmo isoladamente em planos de ensino, onde são realmente realizados?

A gestaltpedagogia não quer simplesmente condenar o aprendizado cognitivo, quer, isto sim, integrar o aprendizado cognitivo e o emocional, isto é, eliminar a negligência com que foi tratado até o momento o aprendizado emocional e, por outro lado, deseja a superenfatização do aprendizado cognitivo, em favor de uma integração de ambos, motivo pelo qual é muitas vezes designada na literatura como "educação integrativa".

Ao invés de repressão da necessidade de movimento,
estímulo ao aprendizado físico

A repressão à necessidade natural de movimento dos alunos se fundamenta na não observância do fato biológico de que o organismo humano é uma unidade de corpo, alma e mente. A escola não leva suficientemente em consideração que a mente só funciona no corpo e através dele.

Exige-se de crianças de seis anos que fiquem sentadas e quietas durante toda a manhã, exceto em pequenos intervalos nos quais é freqüentemente proibido correr pelo pátio escolar. O esporte e a educação física desempenham, sabidamente, na escola um papel marginal. Ruth Cohn o expressa muito bem em sua formulação: as aulas teóricas negligenciam o corpo, as aulas de educação física a mente dos alunos (Cohn 1975, p. 156).

115

Ao invés de repressão das perturbações, trabalho com as perturbações

Em vez de considerar as perturbações entre os alunos e a matéria ou entre si e os alunos como positivas, fazendo-as objeto de conversa, os professores lutam contra elas, aula por aula, tenaz e desesperadamente, pois se sentem desviados do ponto. O fenômeno das perturbações é genericamente chamado de falta de disciplina da classe e de dificuldade disciplinar do professor com a classe e, no tocante à matéria, de dificuldades motivacionais. Ruth Cohn propõe a esse respeito que se dê preferência às perturbações ao invés das matérias em si:

As perturbações têm de fato precedência ... Não pedem licença, estão aí: como a dor, a alegria, o medo, a distração; a questão é saber como dominá-las *(idem)*.

Ao invés de um cientista especializado isento de emoções, professores como seres humanos inteiros

O papel do professor já criticado por Adorno (1972) como o de um ser sem emoções e neutro, também o é pela gestaltpedagogia. Analogamente às habilidades de um terapeuta, o professor deve, tanto quanto possível, ser autêntico, congruente, mostrando abertamente suas emoções. Deverá estar em contato consigo mesmo e com a classe. Só uma maior franqueza possibilita uma relação de confiança com a classe. A condição para levar a cabo um programa de ensino segundo a gestaltpedagogia é a formação de professor que dê na universidade atenção à integração do cognitivo e da emoção. O professor deve desenvolver a competência social que lhe possibilite observar melhor as suas necessidades, bem como as dos alunos, e a reagir adequadamente. Na visão da gestaltpedagogia as perturbações nunca devem ser imputadas somente aos alunos. O professor deve estar em condições de *encontrar a sua parcela* nelas.

Ao invés de tutela, ensino autodeterminado

Na escola ocorre, segundo Rogers (1974), o ensino pelo "princípio do funil". O professor enche os funis com rico material de ensino e os alunos são obrigados a aprendê-lo, armazená-lo e, nas provas e nos trabalhos, como um computador, reproduzi-lo. O ensino não é autodeterminado e raramente faz sentido aos alunos, ou seja, não é importante para sua vida atual ou as usuais estratégias de motivação não conseguem convencê-los de sua importância. Devido ao "princípio do funil" existe a difundida suposição de que aquilo que foi ensinado realmente foi aprendido. Especialmente o excesso de matérias e a falta de relação pessoal com as mesmas põem em funcionamento um mecanismo que a gestalt-terapia chama de introjeção e que pode ser descrito sucintamente da seguinte forma: os alunos encontram-se num estado como se tivessem comido demais e feito má digestão. Esse estado poderá se manifestar como perturbação psíquica. A matéria não é assimilada, não se torna parte da própria pessoa.

Ao invés de rebuscadas estratégias de motivação, partir daquilo que está no aluno

As dificuldades de motivação são, na concepção da gestaltpedagogia, expressão de processos de ensino e aprendizagem que não levam em conta as necessidades dos alunos. São a expressão da desconsideração que é dada ao aspecto global da aprendizagem. Assim a gestaltpedagogia objetiva dar atenção a esse aspecto, tentando partir, em cada caso, da maneira pela qual o indivíduo foi afetado pelo tema, relacionando os resultados novamente ao indivíduo (Frech *et al.* 1978).

Ao invés de resignação, habilitação para uma autodeterminação ativa

As crescentes resignações e as perdas de sentido foram constatadas por Goodman em suas obras já nos anos sessenta. Em épocas mais recentes, representantes da psicologia humanística, como Bühler (1974, introdução), bem como sociólogos conservadores, como Kurt Sontheimer *, chamam a atenção para o fato. A gestaltpedagogia responde estimulando a auto-reflexão das condições e das possibilidades das próprias ações. Pelo estímulo da autonomia da capacidade de reconhecer as próprias necessidades e do tornar-se consciente da auto-responsabilidade pela escolha feita, os gestaltpedagogos pensam poder mobilizar forças que levem a uma colaboração ativa. No entanto, tal mudança deve, em nossa opinião, trazer consigo, conco-

---

* A "perda de sentido" foi deplorada especialmente por Kurt Sontheimer e Mathias Walden numa discussão apresentada pela televisão austríaca com Rudi Dutschke e Daniel Cohn-Bendit. Enquanto Sontheimer considerava que o estado e a sociedade haviam falhado em dar aos jovens objetivos dignos de vida e em criar novos valores, Dutschke e Cohn-Bendit consideravam que uma decadência de imagem de valores burgueses espelhava somente a crise da recente sociedade burguesa. Portanto, enquanto Sontheimer/Walden incentivam a sociedade a criar e colocar novos valores, Dutschke/Cohn-Bendit são de opinião que só uma fundamental mudança da estrutura social da RFA poderá acarretar alterações nesse quadro. (A discussão verificou-se em agosto de 1978.)

mitantemente, uma melhoria nas condições de vida dos que se acham envolvidos.

Contra o ajustamento desprovido de crítica, a gestaltpedagogia coloca o treino da capacidade de reconhecer as próprias necessidades e o desenvolvimento de um sentido de possibilidades próprias de escolha.

9.

Princípios e métodos gestálticos na escola

A gestaltpedagogia apóia-se em princípios como o aqui-e-agora, a concentração sobre o contato, a consciência, o *self-support*, o arcar com a responsabilidade, o significado central da experiência, a espontaneidade e em métodos como experimentos, troca de papéis, viagens-fantasia, trabalhos com sonhos, trabalhos de casa (vide cap. 4.2). Os princípios e métodos são utilizados tanto para que se realizem os mencionados objetivos (vide cap. 7) quanto para uma melhor e mais efetiva realização de tradicionais objetivos de aprendizado e ensino como ler, fazer contas, escrever etc. (Phillips 1978).

Os princípios gestálticos necessitam apenas de uma pequena reformulação no modo de expressão e já se torna patente o seu significado para a pedagogia:

- "Fique no aqui-e-agora" torna-se "nós só aprendemos no aqui-e-agora".
- "Vá até sua fronteira de contato" torna-se "nós só aprendemos se formos até nossa fronteira de contato".
- "Arque com a responsabilidade" torna-se "a aprendizagem só pode ocorrer se nos decidirmos conscientemente por algo".

Para o ensino gestaltpedagógico é, em nossa opinião, importante que se levem em conta os três pontos seguintes:

(1) A gestaltpedagogia exige um comportamento diferente por parte do professor.

(2) A gestaltpedagogia objetiva o desenvolvimento da personalidade dos alunos.

(3) As possibilidades gestálticas de aprendizagem podem ser utilizadas para alcançar tanto objetivos tradicionais, quanto novos objetivos (objetivos emocionais e sociais de ensino).

119

A cada um desses três pontos é dedicada uma parte deste capítulo.

9.1 A GESTALTPEDAGOGIA EXIGE UM COMPORTAMENTO DIFERENTE POR PARTE DO PROFESSOR

Colocamos a questão: como se comporta um professor gestalt-pedagógico? O comportamento do professor mostra-se em sua personalidade e em suas habilidades. Ambas devem ser desenvolvidas:

A maioria das técnicas específicas de ensino aparentadas com a gestalt, aplicadas pela pedagogia integrativa, está diretamente relacionada com o desenvolvimento pessoal do professor, não podendo ser utilizada se não houver esse desenvolvimento concomitante (Phillips 1976, p. 8).

Besems cita alguns marcos, segundo os quais a modificação do comportamento do professor deveria se orientar em relação à modificação da própria personalidade. Para ele, a modificação da relação interpessoal entre aluno e professor é o bê-a-bá da gestaltpedagogia. Escolheu para tanto o conceito denominado relação intersubjetiva. Intersubjetividade significa para ele ver e aceitar o aluno meramente em sua existência como ser humano, entendendo-o como premissa para o desenvolvimento de um clima de confiança mútua, franqueza e autenticidade de comunicação na sala de aula. A relação intersubjetiva entre aluno e professor significa que este compreende e trata aquele como ser humano total. Total significa neste contexto que Besems não trata o aluno como ser humano somente em sua função de aluno, como é comum em nossas escolas, mas também em suas funções de criança, irmão, vizinho e parceiro de brincadeiras. Total também significa que o aluno, como ser humano, é uma unidade orgânica de sentir, pensar e agir (suposição gestáltica da unidade corpo-alma-mente do ser humano) que sempre está presente, portanto também na sala de aula e que, conseqüentemente, precisa ser levada em conta no evento da aula.

Para Besems em primeiro vem a relação professor-aluno, depois o tema. O contato deve primeiramente acontecer de sujeito (professor) a sujeito (aluno) e não ser realizado através do tema.

O relacionamento perturbado produz um efeito inconfundível sobre a concentração, o relaxamento e a atitude frente ao trabalho em classe, da mesma maneira que as boas relações exercem um efeito positivo sobre os mesmos (Besems 1977, p. 61).

A questão principal para o professor não é mais: "como transmitirei da melhor forma meus conhecimentos?" Mas: "como irei conseguir realizar a intersubjetividade com meus alunos?" (vide cap. 2.4)

A realização da intersubjetividade é premissa para a transmissão, bem-sucedida e satisfatória para ambas as partes, de conhecimentos. Os caminhos à transmissão serão delineados pela interação mútua. O professor precisa deixar de ser obrigado a transmitir *seus* conhecimentos. A Resems importa criar no ensino situações, ofertas de aprendizagem aos alunos, nas quais eles experienciam a si próprios, podendo vir a conhecer suas necessidades e interesses para chegarem a um ensino autodeterminado e à auto-responsabilidade. "Eu os convido para o aprendizado".

Alguns marcos de comportamento em relação a *habilidades modificadas do professor são citados por Phillips* (1976, pp. 7 ss.):

- Utilização de modelos verbais de orientação gestaltpedagógica. Tanto os professores quanto os alunos são encorajados a dizer preferencialmente "eu" ao invés de "a gente", "alguém" ou "nós", bem como "você" ao invés de "ele", "um" ou "alguém". As corretas afirmações "eu", por exemplo, a correta identificação, são a base do expressar-se, da autoconfiança e do arcar com a responsabilidade pessoal.

- Utilização equilibrada de frustração "amigável" para ajudar os alunos a se tornarem desembaraçados e a arcarem com a responsabilidade por si próprios. Na aplicação dessa técnica na sala de aula não se faz pelos alunos nada que eles próprios possam fazer.

- Emprego da técnica do "tornar claro", baseada no conceito da relação figura-fundo, a fim de ajudar os alunos a se tornarem conscientes de suas próprias ações e comportamentos.

Para os professores dispostos a isso, são necessárias as possibilidades de treinarem tais modificações em seu comportamento pessoal e em suas habilidades e técnicas de ensino. As premissas para tanto devem ser criadas dentro da formação e do aperfeiçoamento do professor. Para a educação de alunos conscientes, responsáveis e integrados são necessários professores conscientes e responsáveis. Brown aponta nesse contexto a necessidade de um treino gestáltico na formação e no aperfeiçoamento do professor:

Na transformação da teoria na prática é extremamente importante que as verbalizações e as ações coincidam. O que significa que os educadores devem ter a possibilidade de um *treino prático*, de uma *vivência própria*, (grifo dos autores) para que experienciem eles mesmos as técnicas e abordagens de ensino que mais tarde vão utilizar e para que concomitantemente tenham a possibilidade de crescimento pessoal ... Só quando o próprio educador cresce, poderá ele fazer mais do que simplesmente aplicar a educação integrativa como um conceito. Caso contrário, não estará em condições de inventar e improvisar estruturas de aprendizagem que sejam moldadas exatamente para a situação de sua classe. Continuará sendo um técnico ao invés de se tornar um artista, deparará com restrições em ser criativo em suas possibilidades e em encontrar satisfação no seu trabalho. A qualidade do professor determina a qualidade do aprendizado (Brown, in Petzold/Brown 1977, pp. 41 ss.).

As pesquisas de Brown, Shiflett, Phillips e Elmore sobre os efeitos da formação gestaltpedagógica para o professor, concluíram que:

- O grupo escolado integrativamente podia de modo significante enfrentar melhor a vida. Esse sentimento contribuiu para a diminuição do formalismo na classe.
- O crescimento psíquico pessoal alterou o estilo dos professores no sentido de maior contato pessoal, maior franqueza, consciência e flexibilidade. (Phillips 1976, pp. 7 ss.).

9.2 A GESTALTPEDAGOGIA OBJETIVA O DESENVOLVIMENTO DA PERSONALIDADE DOS ALUNOS

O desenvolvimento de personalidade dos alunos pressupõe uma mudança de comportamento do professor e implica novos objetivos e métodos de ensino. Por novos objetivos de ensino — em contraposição aos tradicionais — consideramos aqueles que descrevemos no capítulo "Os objetivos educacionais e os valores da gestaltpedagogia" (por exemplo, criar possibilidades de ampliar o potencial de ação e de vivência, estímulo da consciência e capacidade de percepção) ou aqueles que seguimos de perto na unidade de ensino por nós esboçada (sensibilização do sentido do tato, conhecimento dos limites do próprio eu).

Por novos métodos de ensino, entende-se a aplicação de métodos e técnicas gestálticas, como por exemplo, a viagem-fantasia (vide cap. 10.5: 4.ª aula da UE), a técnica da troca de papéis trabalhando-se com a cadeira vazia, o *feedback* e a identificação. Novos métodos estão também ligados aos marcos essenciais do ensino gestaltpedagógico. Baseados nos itens citados por Besems para o ensino gestaltpedagógico apoiado na intersubjetividade (Besems 1977, pp. 60-65), apresentaremos o que é a essência do ensino gestaltpedagógico:

- A situação de ensino e de aprendizagem deve sempre levar em conta a unidade indivíduo-meio do ser humano. Isso exige que os laços do aluno para com seu meio social devem ser considerados.

Sempre que nos direcionamos pelas habilidades individuais da criança, devemos fazê-lo com atenção à relação interpessoal, levando em conta as interações com o professor, seus colegas de classe, seus pais, amigos e outros... (*idem,* pp. 60 ss.).

Especial atenção precisa ser dada aos laços que prendem o aluno ao seu meio material e político-social.

Trata-se, antes de mais nada, de como a criança é influenciada pelos diversos elementos do mundo e quais as influências que ela mesma sofre.

Em biologia, por exemplo, trabalhar com o sapo não significa somente focalizar o animal e seu modo de vida, mas também como a criança experiencia o sapo, como o percebe. Paralelamente dá-se atenção às limitações que o animal encontra em sua realidade, conjugadas com as limitações que a criança vive em sua realidade. Não só o mundo perceptível de maneira sensorial é importante, mas também o campo dos mecanismos e das estruturas abstratas (*idem*, p. 61).

• O contato indireto entre as pessoas — professor e aluno — que ocorre exclusivamente através das disciplinas precisa ser gradativamente abolido em favor do contato direto, baseado no qual ocorre então a ocupação com a matéria. É preciso que se constitua uma relação intersubjetiva entre alunos e professor.

• O ensino gestaltpedagógico precisa levar em conta que o aluno é, também na classe, uma unidade existencial de corpo-alma-mente. Conseqüentemente, os alunos não podem ser formados e estimulados só intelectualmente — tal como age a escola quase sem exceções — mas devem ser também provocados e estimulados emocional e fisicamente.

Vivenciar a literatura significa (também) descobrir que sentimentos um texto desperta em mim, verificar se entendemos o que o escritor quer dizer; significa a percepção das reações corporais (excitação, arrepios ...) (*idem*, p. 63).

• Desenvolver uma situação horizonal de ensino ao contrário da usual situação vertical. Isso quer dizer que o habitual desnível, forte e real, entre alunos e professor em relação à idade, ao conhecimento e à experiência, deve ser desenvolvido no sentido de uma parceria entre aluno e professor como seres humanos totais, de um contato entre duas pessoas diferentes que participam de modo equivalente do processo de ensino e de aprendizagem. Tanto o professor, quanto o aluno empenham a sua própria condição psíquica como instrumento no processo de ensino e aprendizagem.

Na relação subjetiva o aprender refere-se aos dois parceiros: o aluno aprende do docente e o docente do aluno, de modo que os dois se tornam intercambiáveis. Isso não quer dizer, entretanto, que em todos os casos docente e aluno aprendam igualmente um do outro. Os seres humanos sempre aprendem uns dos outros; o conteúdo e a abrangência da aprendizagem são, porém, sempre diferentes (*idem*, p. 64).

• O processo de ensino e aprendizagem não começa na matéria, mas nas possibilidades e necessidades dos alunos. Em outras palavras, aquilo que se encontra no aluno é importante e ponto de partida de todas reflexões. Para tal, um *exemplo*:

123

A aula sobre o tema "cálculo da área de figuras irregulares" poderia começar com o professor perguntando: "Para que poderia ser importante a você/vocês saberem calcular tais áreas?"

O ensino gestaltpedagógico significa criar sempre novas situações e possibilidades que permitam aos alunos uma aprendizagem repleta de sentido.

• O ensino como esse baseia-se no método pela vivência. Esse método exige do professor captação consciente do aqui-e-agora na sala de aula, reagindo com criatividade, fantasia e capacidade de compreensão. Por esse método, o professor não mais diz aos alunos o que devem descobrir, mas cria situações nas quais os alunos vivenciam as coisas que lhes são importantes, tornando-se conscientes de suas possibilidades e necessidades. Um ensino como esse é flexível e rico em alternativas.

9.3 MÉTODOS E PRINCÍPIOS GESTÁLTICOS PODEM SER UTILIZADOS PARA ALCANÇAR TANTO OBJETIVOS TRADICIONAIS, QUANTO NOVOS

Alguns exemplos:

Para *carregar afetivamente a matéria,* foi utilizada no ensino de literatura (de Aaron Hillman) uma *fantasia projetiva:*

Para tornar clara a relevância do livro *Herr der Fliegen* * a um grupo de alunos, o professor utilizou de uma fantasia projetiva na qual os alunos deveriam imaginar que fossem animais na floresta, que encontravam (como animais) outros indivíduos dos quais gostavam muito ou rejeitavam. Essa fantasia estava diretamente relacionada com os papéis no livro nos quais os jovens viam a si mesmos ou aos membros do grupo como animais (Phillips 1976, p. 11).

A *técnica gestáltica da cadeira vazia* foi utilizada (por Carol Trowbridge) no ensino de língua estrangeira:

Num exercício pede ao aluno que este mantenha um diálogo em língua estrangeira como se um de seus genitores estivesse sentado na cadeira vazia. Assim os alunos não só aprendem palavras e como se expressar, mas ainda podem fazer experiências pessoais na língua estrangeira (*idem*).

Eis um exemplo do exercício gestáltico de "permanecer no contínuo da percepção" para o novo objetivo "melhor percepção do aqui-e-

---

* *O Senhor das Moscas.* (N. do T.).

-agora" (extrato da unidade de ensino "estar no aqui-e-agora" de Gloria Castillo):

Ela está sentada com seus alunos formando um círculo e começa: "Eu vou dizer o que neste momento sei sobre mim. Eu me sento. Eu vejo como você me olha; eu posso ouvir minha voz. Eu vejo como Judy entra na sala. Eu ouço como o aquecimento se aciona..." (*idem*, p. 12).

10.

Descrição de uma experiência de ensino orientada gestaltpedagogicamente

Na faculdade de psicologia de Berlim verificou-se no semestre do verão de 1978 um seminário de introdução à gestaltpedagogia e no semestre de inverno de 1978/79 uma experiência de ensino com esse tema. Num trabalho em conjunto com os docentes Frech, Neumann-Schönwetter, Rubeau e Zeuner, um grupo de professores e estudantes tentou se familiarizar com os princípios e métodos da gestaltpedagogia para propô-los na prática escolar.

Depois de um encontro preparatório, realizou-se em outubro um seminário em bloco com quatro dias de duração. Esse seminário serviu, entre outras finalidades, para os participantes se conhecerem e criarem confiança entre si, para conhecerem e vivenciarem a gestaltpedagogia, para esclarecimentos dos seus objetivos (desejos e expectativas frente ao projeto) e para a formação de grupos escolares.

Ao fim do seminário foram formados grupos para cada escola. Eram constituídos por docentes, estudantes e professores. Após assistirem a preleções, os grupos preparavam aulas que deveriam se revestir de um caráter gestaltpedagógico.

Em reuniões semanais procurou-se: discutir problemas; elaborar as experiências (eventualmente generalizá-las); travar conhecimento com exercícios gestálticos e fazer experiências com os mesmos; discutir a teoria com vistas à prática; manter a coesão do grande grupo.

Por volta do final do semestre de inverno realizou-se um seminário de fim de semana com o gestaltpedagogo holandês Thijs Besems e que deveria servir para esclarecer as questões que haviam sido levantadas, para a troca de experiências, para a elaboração crítica da prática e para dar novos estímulos.

Tentaremos apresentar os diferentes elementos da experiência de ensino e, então, com ênfase em aulas exemplares, problematizar a abordagem gestaltpedagógica.

127

10.1 O SEMINÁRIO PREPARATÓRIO

Num seminário de quatro dias realizado em outubro de 1978 tentamos nos preparar para o trabalho na escola. Como uma parte dos integrantes do grupo tinha pouca ou nenhuma experiência com a gestalt, procurou-se, a princípio, tornar clara a abordagem da gestalt-terapia. Alternando exercícios a dois, trabalho individual e exercícios grupais, os participantes puderam por um lado conhecer-se melhor e, por outro, tiveram uma visão das técnicas gestálticas. Ao invés de ficarmos ensinando o que é gestalt, fizemos experiências concretas com ela, que foram então objeto de reflexão. Em oposição ao conceito e método de orientação muito individualista de Perls, como é expressada na "prece da gestalt" (vide Perls 1977, p. 163 e cap. 2.4) estavam em primeiro plano no seminário mais o "nós" e o "eu-no-grupo", como aliás Ruth Cohn o exige, numa crítica a Perls.

De resto, tentamos trabalhar sobre problemas atuais da situação escolar segundo os princípios gestálticos. Trabalhou-se tanto individualmente, quanto com elementos psicodramáticos (vide Leutz 1974)*.

Causou problemas o que se seguiu — a elaboração orientada mais teoricamente de nossas experiências, incluindo a literatura de situações básicas: podia-se reconhecer nos integrantes do grupo o predomínio de uma forte necessidade de conhecimento mais intensivo. A discussão sobre a teoria foi considerada uma "ruptura".

Listamos os mais importantes marcos gestálticos que tínhamos vivenciado e discutido, no final. A formação dos grupos que iriam para as escolas foi transferida para o encontro seguinte, já que muitos se sentiram sobrecarregados com a decisão naquele momento e o tempo era exíguo.

10.2 OS GRUPOS DE ESCOLA

Tratava-se nos grupos, em sua maioria formado por um professor, um docente da faculdade de psicologia e de dois a três estudantes, de encontrar uma abordagem que permitisse a introdução

---

* O psicodrama difere fundamentalmente da gestalt-terapia pela forte ênfase na atividade grupal. Nas abordagens gestaltpedagógicas de Petzold e Besems os limites não são mais tão claramente delineados. Nelas os elementos psicodramáticos têm certamente um papel. Sua utilização depende do modo de pensar e da formação do terapeuta. Em nossa opinião gestalt-terapia e psicodrama se deixam combinar muito bem como formas mutuamente complementares.

de elementos gestaltpedagógicos no ensino. Inicialmente estava em primeiro plano o conhecimento mútuo entre os alunos e o grupo. Tratava-se de criar, como primeira premissa para um ensino gestalt-pedagógico, uma relação pessoal entre os membros do grupo e os alunos. Na estruturação do ensino procuramos, através de temas de aulas que tínhamos imaginado e escolhido, conduzir um conceito de aprendizagem como um todo. Procuramos nos aproximar de nosso objetivo superior, a ligação de elementos cognitivos e emocionais da aprendizagem, através de tateantes passos nessa direção. Nas conversas com as crianças procuramos nos empenhar pessoalmente com mais força que antes. Tanto quanto possível, procuramos ficar atentos aos princípios gestálticos e tentamos incluí-los em nossas conversas. Além disso os alunos foram também colocados diretamente em contato com os exercícios e métodos gestálticos. Assim ao lado da viagem-fantasia foram levados a cabo exercícios de percepção. Em subseqüentes reuniões do grupo tentamos tornar mais claros para nós o sentido e os objetivos de aprendizagem de tais exercícios.

10.3 PLENÁRIO SEMANAL

No plenário semanal cada grupo apresentava os problemas surgidos em seu trabalho nas escolas. Rapidamente configurou-se uma dificuldade: a transmissão das experiências ao grupo grande não era factível apenas por meio de um falar sobre o assunto.

Por outro lado cada grupo estava muito ocupado com seus próprios problemas. Além disso exigiu-se do plenário que fizesse exercícios em conjunto, para melhorar o contato entre os integrantes dos grupos.

A mudança da atmosfera mais confiável do seminário para as reuniões plenárias foi vivenciada por parte dos integrantes como frustrante. Especialmente nas discussões sobre temas teóricos manifestou-se uma forte resistência. Segundo nossa impressão, o problema consistia em se criar uma relação equilibrada entre um trabalho centrado no tema e uma interação pessoal satisfatória.

A ocupação com a gestaltpedagogia e as nossas experiências concretas no seminário resultaram em que se formasse uma figura distorcida. Formou-se implicitamente, no grupo, a norma de que devíamos-nos sentir bem tantas vezes quanto possível. A abordagem gestaltpedagógica era — em seqüência a nossos desejos e necessidades — e sem falar a respeito, vista como uma possibilidade de ensinar e aprender com isenção de frustrações. Pouco a pouco tivemos que reconhecer que a aprendizagem segundo os princípios gestaltpedagógicos também contém uma boa parcela de frustração. Através da discussão das experiências, da execução de exercícios e da ocupação com a teoria, procurávamos concretizar nossa noção de gestaltpedagogia.

10.4 PROBLEMAS QUE FICARAM CLAROS DURANTE A EXPERIÊNCIA

Devido ao trabalho chegamos a uma série de questões que queríamos esclarecer melhor com Besems:

* *O que é específico da abordagem gestaltpedagógica?* (conceitos teóricos não claros, objetivos vagos)

* *Em que consiste a diferença entre dinâmica de grupo e gestaltpedagogia?* (a gestalt consiste somente de joguinhos de dinâmica de grupo? Trata-se de coisas parecidas com terminologias diferentes?)

* *Como é na gestaltpedagogia a relação professor-aluno?* (o professor é terapeuta, supervisor ou existe uma relação horizontal?)

* *A gestaltpedagogia sempre tem graça? Onde ficam as frustrações?* (um ensino gestaltpedagógico sempre tem graça? O objetivo é que sempre tenha graça? Aprendizagem não contém também frustração?)

* *Como é a combinação prática entre elementos cognitivos e emocionais?* (como se podem introduzir objetivos ligados à personalidade sem negligenciar os objetivos de ensino ligados à matéria, que exigem planos-mestre e planos de ensino?)

* *Como as perturbações no ensino podem ser trabalhadas adequadamente?* (como se pode enfrentar o perigo das perturbações ficarem demasiadamente em primeiro plano, sobrando pouco tempo para a aprendizagem da matéria?)

* *Que funções têm os jogos e exercícios gestálticos?* (o que acontece se o professor introduz a gestalt através de jogos e exercícios? São os alunos por isso condicionados a demonstrar sentimentos, por motivo de exigências de comportamento implícitas e não verbalizadas do professor, enquanto seu comportamento nas condições "normais" de vida não se altera?)

* *Que efeito a gestaltpedagogia tem sobre os alunos?* (como os alunos lidam com suas dificuldades? A gestaltpedagogia fomenta uma tendência dissimulativa, nos alunos de se fazerem sozinhos responsáveis por suas dificuldades?)

* *A gestaltpedagogia é orientada de modo individualista demais?* (implícita nos princípios gestálticos está a norma: defenda-se! seja

130

autônomo! A defesa se relaciona, porém, com um lado individual. Em certas situações precisa-se de solidariedade, pode esse *reverter-a-si-próprio* ser prejudicial?)

• *Qual é a relação recíproca entre teoria e prática da gestaltpedagogia?* (na teoria, metas muito recomendáveis (vide acima) porém na prática freqüentemente não realizadas. Por outro lado, freqüentemente uma prática aproveitável, mas uma teoria de conceito pouco claro, difuso)

• *A gestaltpedagogia tem uma idéia harmônica do ser humano?* (a gestaltpedagogia acentua demais a harmonia, as gestalts fechadas, deixando de ver as contradições antagonísticas, os conflitos no indivíduo?)

• *A gestaltpedagogia tem uma concepção idealizada de crescimento?* (o ser humano se desenvolve, segundo os conceitos da gestaltpedagogia, por toda a vida para uma consciência sempre maior? Onde estão os limites? Existem limites intransponíveis?)

Essas e outras questões nos ocuparam como resultado da discussão teórica e prática da gestaltpedagogia. Para um esclarecimento temporário dessas questões e para uma melhor idéia da prática da gestaltpedagogia contribuiu conosco o seminário de fim de semana com Besems.

Segue agora a descrição exemplar de algumas de nossas aulas.

10.5 EXPOSIÇÃO EXEMPLAR DE DUAS AULAS

O relato se baseia em experiências com a gestaltpedagogia no ensino de uma 7.ª série da escola de primeiro grau de Berlim. O grupo procurava, passo a passo, em planificação conjunta e de acordo com as professoras, infiltrar elementos gestaltpedagógicos no ensino.

De uma unidade de ensino de tema: "escolarização e percepção" queremos reproduzir mais pormenorizadamente duas aulas. Em nossa opinião não se trata de maneira alguma de aulas-modelo. Elas devem dar estímulos e servir para tornar claro que a introdução do ensino orientado gestaltpedagogicamente é um processo longo, que no início exige passos e experiências cuidadosos.

Colocamos como objetivo da unidade de ensino fazer jogos e exercícios que deveriam fomentar as capacidades de percepção e observação dos alunos, bem como sua expressão verbal. Orientamo-nos para tal em exercícios de Gudjons (1978) e concordamos em começar tocando objetos, para chegarmos a tocar pessoas. Dessa forma deveria tornar-se acessível uma nova dimensão da percepção interacional.

5.ª-feira, 14.12.78; 1.ª aula: Tocar pessoas e descrever
(3.ª aula da UE)

Os objetivos de aprendizagem dessa aula eram:

- Os alunos devem exercitar através do contato físico um outro tipo de percepção de uma pessoa que não os usuais e assim entrar em contato consigo e com os outros.
- Os alunos devem chocar-se contra os limites do próprio eu e conhecê-los.
- Os alunos devem tentar verbalizar seus próprios sentimentos e sensações e, através disso, tornar-se conscientes deles.

Queremos representar os outros elementos do planejamento dessa aula de forma telegráfica.

Transcorrer planejado da aula

Formação de dois grupos de no máximo 10 Aa; 2 Aa vão para a porta: um leva aquele que toca para fora, venda seus olhos e o traz de volta; 3 Aa estão sentados em cadeiras no centro do círculo como aqueles que vão ser tocados; os Aa restantes observam com as diretrizes de auxílio seguintes:

Instruções para o aluno que toca

- Comece de baixo e dê-se tempo.
- Diga o que sente e percebe.
- Descreva exatamente *como* algo se deixa tocar.
- Se você souber de que pessoa se trata, prossiga assim mesmo.

Tarefas de observação para o grupo restante

- Olhem o A que toca!
- Como ele entra, como é sua postura, que cara está fazendo?
- Como ele toca os outros, onde começa (apesar das instruções)?
- Como ele se expressa?
- Como se comporta o tocado?
- Como estão seu rosto e sua postura?
- Como você se sente como observador?
- O que acontece com você nessa oportunidade?

Questões para o aluno tocado não tínhamos levado em conta no planejamento.

Conversa de avaliação

- Como você se sente quando toca alguém? (ao que toca)
- Como você se sente quando é tocado? (ao tocado)

A seguir queremos reproduzir um protocolo de memória (Bätjer 1978/79) sobre o andamento dessa aula, pois em sua vitalidade e seu modo direto é esplendidamente adequada a transmitir uma impressão concreta da aula.

Protocolo da aula "tocar pessoas e descrever"

Queríamos deixar que dois alunos escolhessem os integrantes dos grupos, um "rabugento" (Peter) e um "quieto" (Rainer). Rainer se negou obstinadamente a sair de trás de sua mesa, apesar de o termos incentivado. Uwe, seu vizinho, que tínhamos em mente como "homem de reserva" quieto, manifestou-se espontaneamente. Peter, que normalmente gosta de aparecer, olhava surpreso, confuso e questionador pela classe quando se viu colocado por nós, no centro. Ele me escolheu como primeiro integrante, o que me surpreendeu, depois sua turma (Robby, Marcello, Rainer, Olaf, Thomas, Uwe) e Ulrike (2.ª estudante) bem como por fim, duas meninas (Susanne, Manuela). Quando tínhamos explicado o exercício, todos os alunos, e especialmente os meninos, mostraram interesse e necessidade de participar. Uwe tocou como primeiro e foi levado para a porta por Thomas. No meio do círculo estavam sentados Robby e Olaf como aqueles a serem tocados. Eu fui solicitado pelos alunos a também me sentar no círculo e me deixar tocar. A princípio achei bastante bom e agradável participar. Enquanto estava lá sentado e esperando, pensei como seria se fosse professora desta classe e o diretor a adentrasse enquanto Uwe me tocava.

Uwe começou por Olaf. Ficou um bom tempo nos sapatos e disse: "botas, lisas, tem um salto", nisso levantou a perna de Olaf no ar. A seguir tateou agitada e rapidamente ao longo das pernas: "calça, lisa, essa eu conheço, é azul, Olaf". Dissemos que se desse tempo e continuasse a tocar. Então Uwe agarrou os cabelos de Olaf e disse: "iih, gorduroso" e lhe deu uns tapas. Depois começou a me tocar. Sentiu os meus sapatos: "tênis, liso, humm calça, *côtelé, mole*". Enquanto alisava ao longo dos meus braços, disse "pulôver, mole" e enquanto os outros alunos gritavam "mais para o meio",

133

dava palmadas na minha cabeça e mexia com meus cabelos. Ele achou que era Manuela. Quando os outros gritaram "não", ele sabia "ah, aquela estudante". Tudo isso foi tão rápido que eu não achei o toque agradável. Os alunos que observavam disseram a Uwe que ele tinha sido agitado e descuidado em seus movimentos e que tinha mais dado tapas que sentido ou tocado.

O próximo "tocador", Robby, comportou-se de maneira semelhante, "dava pra valer". Puxava os cabelos dos alunos (Peter, Thomas, Marcello) e deu um beliscão no rosto de Peter.

A seguir os "observadores" e "tocados" deveriam dizer a Robby o que tinham visto e sentido. Eles nos responderam: "ele sempre machuca alguém, é estúpido etc.".

Depois de novamente termos dado instruções para que se dirigissem diretamente a Robby, cada aluno que havia sido tocado, deu sua opinião: "eu achei isto desagradável, estúpido, a maneira como você me pegou, você me machucou, me empurrou, beliscou..." Robby não mais ria, ficou sério e não disse nada.

Quando Susanne e Manuela foram tocadas por Olaf, ficou claro que as duas meninas se envergonhavam. Elas cruzaram os braços sobre o peito, desviavam com o corpo quando Olaf se aproximava e riam baixinho.

Ao fim da aula os alunos ainda estavam ativos, mas não se concentravam mais em observar e tocar, individualizaram-se, em começando a tocar indiscriminadamente ao seu redor...

5.ª-feira, 14.12.78; 3.ª aula: Viagem-Fantasia

(4.ª aula da UE — em relação à aula anterior)

Objetivo

Elaboração da 1.ª aula (3.ª aula da UE)

Execução

Nós queremos, em nossa fantasia, deixar a 1.ª aula transcorrer de novo.

Sentem-se confortavelmente, procurem relaxar, respirem profunda e lentamente.

E agora vão fechando os olhos.

Imagine que você está sentado no seu grupo.

Olhe ao redor. Quem está sentado ao seu lado?

Quem está sentado à sua frente?

Imagine que quer tocar alguém.

Você é levado para fora.

Seus olhos são vendados.

Você é conduzido para dentro.

O que você sente agora dentro de você?

Uma pessoa está sentada no meio.

Imagine que é a pessoa que você mais gostaria de tocar.

Você a pega.

Como é sentida sua roupa?

Qual parte do corpo você sente por baixo dela?

Deixe-o agir sobre você.

Como você o toca?

O que você sente durante?

Vá adiante.

O que você está fazendo agora?

Existem pontos nos quais você gosta de ficar mais tempo?

Existem pontos que você não gosta de tocar?

Quais são?

Volte vagarosamente.

Abra os olhos.

Avaliação

Agora peguem um papel e escrevam o que vivenciaram.

Para tanto escrevemos frases de auxílio na lousa:

Eu toco Udo.

Eu sinto sua mão.

Ela é pequena e úmida, há anéis nos dedos...

Eu estou um tanto irritado.

...

Nós sempre chamávamos a atenção para quatro coisas que nos eram importantes:

- Escrevam na forma eu.
- Escrevam no presente.
- O texto não será avaliado.
- Vocês não precisam nem entregar o texto nem mostrá-lo a quem quer que seja, se não o quiserem.

Além disso, já estava previsto no planejamento, que nós nos reuniríamos na aula uma semana depois com os alunos, em pequenos grupos. Quem quisesse e tivesse confiança, deveria então ler sua viagem-fantasia. A seguir queríamos conversar a respeito.

Em alguns alunos, especialmente Robby, Michael, Uwe B. e Marcello, havia a tendência de levar tudo para o ridículo e fazer uma gozação. Freqüentemente expressavam suas fantasias em voz alta, o que provocava a hilariedade dos outros. Assim, havia uma certa falta de tranqüilidade e seriedade, que são necessárias para viagens-fantasia.

É preciso levar em conta que os alunos estavam expostos a situação e experiência totalmente novas. A gozação é certamente também uma tentativa de fugir à situação insegura. Isso deveria ser aceito pelo professor que não deve forçar os alunos a participar.

Aproximadamente um terço da classe estava seriamente na coisa (pelo menos para fora) e também tinha fechado os olhos. Quando se tratou de escrever o que tinha sido vivenciado, houve protesto. Argumento usual: "eu não vivenciei nada". "Eu não sei o que escrever". Em conversas individuais com os alunos evidenciou-se que tinham vivenciado bastante, apesar da grande falta de vontade e resistência em escrevê-lo.

Três motivos parecem-nos responsáveis por isso: primeiro, uma resistência generalizada contra o ato de escrever, observada com certa freqüência nessa classe. Segundo, a dificuldade de expressar com palavras o vivenciado na fantasia. Terceiro, a dificuldade mais significativa deve, no entanto, ter sido, o natural alto limiar de inibição numa atmosfera sentida como não suficientemente confiável para se fixarem, por escrito, fantasias pessoais.

11.

Possibilidades e limites de aplicação da gestaltpedagogia na escola pública

Na resposta à pergunta até que ponto a gestaltpedagogia pode ser aplicada na escola pública, queremos distinguir dois níveis: (1) nossas experiências pessoais, (2) avaliação crítica tendo como fundo a literatura.

11.1 EXPERIÊNCIAS PESSOAIS

Dentro de nossa experiência de ensino tivemos um espaço livre relativamente grande. Não ficamos sabendo de quaisquer restrições por parte da direção da escola. Na verdade, também nos ativemos em nossas experiências aos limites do plano e da organização do ensino.

Devido às nossas experiências, vemos alguns problemas na aplicação e execução da gestaltpedagogia, entre os quais:

• *na nossa adequação como professores:* ensino gestaltpedagógico pressupõe uma alta dose de confiança em si mesmo e nos outros. Isso precisa primeiro ser aprendido. O professor precisa estar em condições de assimilar reveses.

• *na postura dos alunos:* para os alunos um ensino desse tipo significa uma grande adaptação. Eles são incitados à franqueza e à auto-iniciativa. A questão é até que ponto os alunos estão prontos a entrar nisso.

• *na postura dos pais:* o âmbito das emoções tornou-se, para nós, um tabu. Um ensino que apóie as crianças na franqueza e no contato, pode levar a resistências maciças dos pais. Conforme o caso, os pais têm um outro conceito de aprendizagem.

• *na postura da autoridade escolar:* a autoridade escolar está interessada em que o ensino transcorra sem atritos e de preferência livre de conflitos. Aqui pode-se chegar a brigas.

Como problema, ficou claro em todo caso que nós como professores somos no princípio assolados por uma grande desconfiança. O autocontrole se revela mais efetivo que o controle real. Muitas experiências não são feitas, pois nós já de início fantasiamos a respeito de sanções. Nesse ponto, o seminário de fim de semana com Besems foi para nós impressionante, por ele ter irradiado uma grande confiança e uma grande esperança em relação às possibilidades de realização. Essa confiança provinha claramente das suas experiências positivas no sistema escolar holandês. Por outro lado a organização escolar e a obrigatoriedade de atribuir notas representam uma forte barreira. Tivemos que abandonar algumas idéias devido à divisão das disciplinas. Outro problema consistia na troca de professores. Por isso Besems só empreende experiências de introdução à gestaltpedagogia quando todo o corpo docente se diz disposto a colaborar. Como as escolas de que ele cuida são relativamente pequenas (de dois a dez professores), esse procedimento torna-se possível. Aqui, porém, deparamo-nos com dificuldades consideráveis.

Até que ponto, apesar desses percalços, é possível pelo menos a introdução, passo a passo, de elementos gestaltpedagógicos no ensino, contribuindo para uma melhora do clima social, nos dirão outras experiências nessa direção.

11.2 AVALIAÇÃO CRÍTICA

A literatura crítica em relação à questão da possibilidade de realização de uma educação emancipadora na escola fornece uma imagem arrasadora.

Bernfeld (1973) discute ironicamente com um jovem professor que apareceu para modificar a escola. Partindo da tese de que a escola serve para a estabilização das circunstâncias dominantes, chega à conclusão:

> A educação está sempre atrasada. Seu avanço consiste em seu atraso ser um pouco superado... Toda educação é organizada conservativamente em relação à sociedade que educa (*idem*, p. 122).

Em seu debate, coloca três limites da educação: as relações de produção, a constante psíquica no educador/professor, a educabilidade da criança.

Esses três limites, em nossa opinião, circunscrevem exatamente o nosso problema:

- O gestaltpedagogo trabalha em uma sociedade na qual o debate entre trabalho e capital determina as possibilidades de seu trabalho (vide Nyssen 1969 / Negt 1976 / Beck 1974 / Altvater/Huisken 1971).

- Ele próprio é produto da educação dessa sociedade e com isso marcado por suas formas de relacionamento (vide Combe 1972 / Adorno 1972).
- A criança é fortemente marcada pela educação de seus pais e pelos meios de comunicação de massa (televisão, histórias em quadrinhos, bem como propaganda etc.) (vide Haug 1973 / Prokop 1974).

Por isso um gestaltpedagogo precisa manter esses três níveis em mente (não como justificativa de que nada se pode fazer, mas como diretriz para o trabalho na unidade desses níveis).

Em Bernfeld, a relação dialética dos diferentes níveis do processo educacional aparece muito pouco e ele subestima, como nós consideramos, o significado da educação.

Heydorn tematiza a "contradição no processo de formação" e chama a atenção para o aspecto dialético:

Se procuramos um resultado, fica claro o valor de posição modificado da formação; seu significado político real cresceu.

Se por um lado é preciso prevenir contra a ilusão de poder enfrentar as condições políticas pela formação — uma ilusão que sempre esteve presente conosco — é também preciso alertar com toda a veemência contra o fato de encarar instituições não dialéticas somente como instrumento de domínio, sem reconhecer as possibilidades que estão contidas nelas. Na luta social, as instituições de formação e as pessoas que trabalham nelas são de vital importância (Heydorn 1973, p. 11).

A formação seria, assim ele prossegue, tanto "um poderoso instrumento da modificação" quanto um "instrumento de estabilização".

Depois de termos sucintamente adentrado as relações gerais, queremos delinear os problemas que ocorrem na realização de um ensino gestaltpedagógico.

Oskar Negt angariou experiências em uma experiência escolar que, mesmo partindo de outros conceitos, persegue objetivos semelhantes aos da gestaltpedagogia.

Ele dá a pensar:

Como o sistema escolar alemão é um sistema de *autoridade escolar*, existem, desde o início, barreiras para a liberação efetiva de iniciativas pedagógicas, que ultrapassem regulamentações de co-decisão formal-democrática e idéias para estudo em grupo e que entendam *escola como um processo integral de processamento e formação de experiências* (Negt 1976, p. 37; grifo no original).

O projeto Glocksee só teria sido possível devido à situação da política de formação, na época de sua fundação. A onda de reformas ainda não tinha baixado e a demanda de novos modelos que agissem contra a destruição de motivação nas escolas era muito grande. Ele chama a atenção para o caráter diferente de "processo de trabalho pedagógico" e "processo de produção". Por isso a escola não poderá ser comparada, sem uma ruptura, à produção, já que ela "não produz mercadorias, bens materiais, comportamento, linguagem, habilidades de compreensão da realidade e do próprio ser humano" (*idem*, p. 39). Agora ele procura determinar os limites de um processo de educação que se entenda como emancipatório:

> Essa lógica da educação, radicalmente diversa daquela da produção industrial, não precisa de modo algum estar em contradição com o sistema capitalista; pode até ser parte da "lógica do capital", como um processo social total. Desdobrar e experimentar na prática a *lógica da educação* em todas às formas de desenvolvimento que contém, pressuporia, com certeza, a ruptura com o conceito de rendimento reduzido à eficiência e competência especializada, e a superação de formas de organização burocrática do aprendizado. Incluído aqui, está o limite *político* desse lado emancipatório do período de reforma (*idem*).

Para a gestaltpedagogia resulta das idéias acima expostas que ela precisa trabalhar numa constante discussão nos níveis sociedade-escola-professor-aluno. A realização de elementos unitários da gestalt-pedagogia não deveria encontrar dificuldades em nosso sistema escolar (como também demonstram nossas experiências) pois elas não contradizem — falando com Negt — a "lógica do capital", tampouco o crescente número de grupos de encontro. Uma realização mais abrangente do conceito gestaltpedagógico irá, porém, rapidamente chocar-se com o "limite político" (Negt). Pois isso significaria superar o "conceito de rendimento reduzido à eficiência" e as "formas burocratizadas de aprendizagem". Seria preciso abolir o rígido sistema de aulas, eliminar os currículos rígidos, democratizar a hierarquia escolar, só para citar alguns pontos.

A abolição da avaliação de rendimento através de instâncias alheias (professores, procedimento de testes pseudo-objetivos) e a crescente autonomia dos alunos provocariam providências em contrário dos círculos conservadores. Um desenvolvimento nesse sentido é, por exemplo, a crescente tendência das indústrias de compor seus próprios procedimentos de testes de admissão e com isso enfrentar a escola.*

Em nossa opinião, entretanto, justamente a consciência dessas relações só pode significar que o professor gestaltpedagógico em

---

* Já há muito tempo esse procedimento é praticado no campo da ortografia. Os alunos são brindados com testes absurdos pelas Câmaras de Indústria e Comércio. Um exemplo é dado por Ernst Reuter: "Condensação do discurso 'primeiro grau no caminho para segundo grau I?' com um exemplo de teste de ortografia da Câmara de Indústria e Comércio de Mannheim" em *vernünftiger schreiben* ("escrever mais sensatamente". N. do T.), Ingeborg Drewitz/Ernst Reuter (1974).

trabalho conjunto com seus colegas, pais e alunos e fortalecido por partidos e sindicatos, introduza elementos emancipadores no ensino. Uma consciência a respeito do "limite político" pode servir de estímulo para não desistir rápido demais. Nisso muitas vezes passa despercebido que as possibilidades de realização da gestaltpedagogia se encontram afinal também na própria força de vontade do professor relativa ao crescimento pessoal e à modificação de seu comportamento como professor. As premissas necessárias para tal se baseiam, entretanto, na criação de possibilidades de um contínuo treino gestáltico. Isso pode ocorrer dentro dos limites da formação e desenvolvimento dos professores e através do "acompanhamento profissional e aconselhamento prático" com "treino antecipador de papéis", como o pratica Signer (Signer, *in* Petzold/Brown 1977, pp. 271 ss.). Com isso pretende-se evitar que qualificações educacionais recém adquiridas, ligadas a treinos de formação e desenvolvimento, sejam novamente apagadas com relativa rapidez e conseguir, por outro lado, que elas se integrem ao repertório de comportamento próprio.

Signer reporta que, com base em suas experiências até o momento, a chance de sobrevivência de práticas educacionais gestaltpedagógicas no dia-a-dia profissional está em dependência direta com a intensidade e o número de aulas de um tal complemento do currículo para professores, como ele o vê no "treino antecipador de papéis" e no "acompanhamento profissional e aconselhamento prático" (*idem*, p. 272).

Na medida em que os interesses de grupos socialmente prejudicados se articularem politicamente, também o ensino poderá fazer mais justiça a esses interesses. Por outro lado, um ensino na direção esboçada por Besems representa importante passo em direção à auto-articulação e sua representação.

Por importante que seja a função inicial de experiências escolares e projetos alternativos fora do sistema escolar público, é pequeno o seu significado no que se refere a mudanças reais no sistema escolar público.* Por isso, ao lado da criação de tais alternativas e da exigência de experiências escolares (que afinal sempre mostram o que poderia ser possível), deve haver primazia para o desenvolvimento de estratégias que possibilitem a utilização do ensino gestaltpedagógico na escola pública. Nisso só se alcançará êxito, se os

---

* Oskar Negt sobre o 1.º grau (*Grundschule*. N. do T.): "No fundo, até hoje praticamente nada de importante mudou desde os Regulamentos de Stiehl de 1854, que eram uma resposta com vistas a uma despolitização da malsucedida revolução burguesa de 1848 e deveriam servir para intimidar os professores que tinham acordado politicamente em março do ano anterior" (1976, p. 41).

grupos de professores de forma organizada se preocuparem, através do corpo docente e, por exemplo, o sindicato, com as mudanças de ensino.

A atuação individual de alguns professores pode levar a uma melhora da atmosfera na classe, não vai porém provocar mudanças importantes no todo. Pois com maior intensidade que todos esforços do professor, que fica apenas algumas horas por semana com os alunos, as outras condições da escola atuarão sobre os alunos, bem como sobre o professor.

A gestaltpedagogia — assim podemos resumir — não é portanto uma panacéia que de um só golpe melhora nossa situação, mas uma possibilidade de modelar de maneira mais satisfatória, processos de ensino e aprendizagem. Ela não é um substituto de uma discussão política, mas uma de suas partes integrantes.

12.

Prática da gestaltpedagogia na escola pública

Se você nos acompanhou até aqui, caro leitor, terá com certeza sentimentos bem cindidos; talvez diga: isso soa bem e é muito encorajador, mas como posso eu utilizar o que foi exposto em minhas aulas?

Neste capítulo queremos enfrentar essa questão, em colocando à sua disposição, baseados em nossa experiência, exemplos, sugestões concretas e ajuda prática.

(1) com auxílio de um *plano escalonado* (12.1) que esboça os passos para uma tal aplicação da teoria no ensino e no seu crescimento pessoal;

(2) através do esboço exemplar de uma *unidade de ensino* (12.2), que combina aspectos técnicos com aprendizagem sócio-emocional, acrescidos ainda de alguns esboços de aula, para estimular experiências próprias;

(3) através de uma *bibliografia escolhida e comentada* (12.3) que deve lhe poupar trabalho na longa procura de sugestões aproveitáveis e materiais.

Desejaríamos que você, nos seus primeiros e tateantes passos nessa direção, experienciasse que uma modificação de seu estilo pessoal não traz consigo só trabalho e esforço, mas pode se tornar uma fonte de grandes alegrias e satisfações.

12.1 PLANO ESCALONADO PARA UM ENSINO ORIENTADO GESTALTPEDAGOGICAMENTE.

OU: COMO DEVO COMEÇAR?

Mostraremos como em três etapas poderia ocorrer uma adaptação gradativa a um ensino orientado gestaltpedagogicamente. Esse plano representa uma espécie de receita no sentido de ajuda com sugestões e orientação. De suas necessidades, experiências e posturas dependerá o quanto poderá segui-lo ou o quanto terá que modificá-lo.

143

Etapa 1: esclarecimento das próprias condições de partida

Você absorveu com êxito o conteúdo de nosso livro e ainda está interessado no tema. Com isso você preencheu um importante requisito.

Você tem agora uma visão abrangente sobre gestalt-terapia e gestaltpedagogia, podendo avaliar se pretende se aprofundar na matéria ou se essa abordagem não lhe diz respeito. Se a segunda alternativa for aplicável, dê este livro de presente a um ou uma colega. Quem sabe ele (ela) pode tirar maior proveito. Se o seu caso for a primeira alternativa — quer dizer que você vê uma possibilidade útil de mudança — precisará se ocupar profundamente com a etapa 1.

Torne claro para si o que seu interesse por esta abordagem tem a ver com sua situação atual. Talvez você esteja sentindo um leve mal-estar. Então você já está dentro.

Pense:

* Como você se sente no momento?
* Você está satisfeito/insatisfeito com sua atual situação de vida?
* Quem ou o que o perturba no seu atual estilo de vida?
* O que você quer modificar?

Escreva uma lista de frases que se relacionem com sua atual situação de vida, dividindo-as em frases que comecem com

"eu quero" e "eu não quero".

Fique atento para como seu pensamento racional procura colocá-lo numa armadilha de racionalização, fornecendo constantemente explicações para o seu comportamento.

Trata-se de esclarecer o como de seu comportamento. Por isso não procure por explicações mas, em primeiro lugar, faça um inventário:

"Como está minha situação? Como deve ser?

Quem ou o que me impede de chegar lá?"

Agora você irá perguntar: o que tem tudo isso a ver com ensino e escola?

Talvez essas perguntas lhe pareçam também disparatadas e você se defende de entrar seriamente nas mudanças. Lembre-se de nossas exposições na parte teórica. Você sabe que a gestaltpedagogia é uma abordagem global no campo eu-nós-isto. Por isso, se pensa numa modificação de seu ensino, precisa começar pelo eu, ou seja, consigo mesmo.

Discuta suas observações e opiniões devidas às questões acima com amigos e colegas. O melhor seria se você fundasse um grupo ou se juntasse a um grupo que esclarecesse essas questões em conjunto.

Pode ser de muita ajuda a elaboração sobre uma introdução à aprendizagem social, tal como a oferecem Schwäbisch/Siems. Ou experimente em conjunto diversos jogos de interação, como foram apresentados por Vopel. Também os exercícios de Stevens podem representar importante aprofundamento prático e pré-esclarecimento.

Seria bom se você tomasse parte num grupo gestáltico a fim de experienciá-lo. Mas seja cauteloso. Formou-se um verdadeiro mercado para o qual também é válido aquilo que se deveria levar em conta em outras áreas: nem tudo que é caro precisa ser bom. Existem muitos charlatães e negociantes. Freqüentemente as escolas públicas de 1.º grau oferecem cursos bons e a preço razoável.

Em todos seus passos você deveria estar atento às suas resistências. Não importa para nós que você siga instruções, mas que obtenha uma série de estímulos que podem ajudar a tornar mais claros seus próprios sentimentos e receios. Leve a sério suas objeções e resistências, procurando descobrir o que você quer fazer com os estímulos e conhecimentos que está adquirindo.

Se você resolver realizar alguns exercícios e experimentos, reflita, por favor, que aquilo que está ocorrendo com você agora, talvez, mais tarde, irá ocorrer também com seus alunos. Por isso não se submeta a uma elevada pressão de rendimento ou tenha expectativas exageradas. E nunca esqueça:

Atente para que a coisa ainda seja divertida!

Etapa 2: Inventário da situação de ensino

Se você tem a sensação de saber mais ou menos o que quer e o que não quer; se você teve alguma experiência com exercícios gestálticos, então se encontrará numa situação de indecisão:

Talvez você tenha tido algumas experiências positivas em grupos. Talvez você tenha percebido claramente quão restrito e tenso é o nosso relacionamento no dia-a-dia e talvez tenha entrado em contato com partes soterradas de sua personalidade. Você experienciou quão satisfatória pode ser a sensação de se comunicar mais aberta e conscientemente com colegas ou outras pessoas e percebe que seus problemas e dificuldades não são tão singulares. Possivelmente experienciou que em grupos podem ser desenvolvidas e experimentadas possibilidades de resolução de situações complicadas.

Mas então surge de novo o dia-a-dia, no qual só com dificuldade é possível aplicar as idéias e as experiências obtidas. E vai novamente ter dúvidas sobre se vai conseguir prosseguir nesse caminho.

Essa insegurança é normal e, de tempos em tempos, ela acomete cada um de nós, em maior ou menor escala. Quem quer modificar algo, precisa aprender a suportar a insegurança. Um grande apoio pode ser o suporte dado por colegas e amigos que pensem da mesma forma.

Passe agora para uma análise da sua situação de ensino e faça perguntas do tipo:

* Como me sinto na classe?
* Estou satisfeito/insatisfeito com a situação?
* O que me perturba?
* O que considero bom na situação, o que quero modificar?
* Como é meu contato com os alunos?

Pense então em pequenos passos visando uma mudança. Escreva uma lista de frases que se relacionem com o seu ensino e as divida novamente em frases "eu quero" e "eu não quero".

Discuta os resultados de sua análise com amigos e colegas que queiram trilhar um caminho semelhante. Pense também quanto trabalho está disposto a investir com vistas a um ensino modificado. Procure, construindo sobre isso, escolher passos realistas. Pequenas modificações podem ser muito importantes e levar a reações significativas.

Etapa 3: Passos para uma orientação gestaltpedagógica do ensino

No capítulo 9 você encontra uma lista de marcos que caracterizam um ensino orientado gestaltpedagogicamente. (Falamos aqui de "orientação gestaltpedagógica" pois não existe até o momento uma concepção detalhada de um ensino gestaltpedagógico. Mas certamente podemos introduzir importantes elementos da gestaltpedagogia no ensino e assim, gradativamente, chegar a uma orientação gestaltpedagógica.)

As etapas 1 e 2 — ou seja, tornar claros os próprios desejos, expectativas e imagens, e a análise da situação de ensino — formam a base para o prosseguimento.

No caminho rumo a uma orientação gestaltpedagógica precisamos diferenciar dois níveis essenciais:

- o nível do aprendizado social e emocional
- o nível do aprendizado específico (relativo às exigências de conteúdo formais das disciplinas)

Quando se fala em gestaltpedagogia, pensa-se primeiramente em muitos exercícios e jogos que se relacionam primariamente ao fenômeno de integração nos grupos. Mais raramente leva-se em conta o nível do aprendizado. E isso devido a um bom motivo: é consideravelmente mais difícil transpor o método gestáltico para o aprendizado específico que simplesmente tematizar as relações grupais.

Se você procurar na literatura materiais aproveitáveis numa aula orientada gestaltpedagogicamente de alemão, ou mesmo de matemática, não terá êxito. Os autores ficam em alusões nebulosas e o deixam sozinho com seu problema de aplicação da gestaltpedagogia à aula.

Também nós, naturalmente, não podemos simplesmente esvaziar um saco de receitas das quais você só precisará pegar as que lhe servem. Mas podemos, tendo ao fundo nossa experiência, dar uma série de sugestões.

Primeiramente você objetará que a diferenciação apresentada acima é teórica, pois os níveis específico e sócio-emocional deveriam se completar mutuamente e assim formar uma unidade. Essa é exatamente nossa opinião. Só que você não pode perder de vista que é muito difícil começar com tudo de uma vez.

Para um professor pode ser muito mais fácil ocupar-se primeiramente em dar ênfase aos objetivos de aprendizagem sócio-emocionais e tentar influenciar o clima da classe em direção a uma maior franqueza e compreensão mútuas.

Outro, devido a sua grande experiência, estará em condições de chegar rapidamente a um equilíbrio entre eu-nós-isto (cada aluno/professor / a ação comunicativa conjunta do grupo incluindo professor / tema ou tarefa de grupo).

Vamos dar-lhe um breve resumo dos seis pontos de maior importância que constituem o ensino orientado gestaltpedagogicamente. Seguem questões com as quais você, relacionando aos pontos, deve constatar a situação atual em sua classe. O questionamento indica ao mesmo tempo a direção na qual poderia ocorrer uma mudança.

Não tente abordar tudo de uma vez, mas escolha os pontos de seu especial interesse. Procure esclarecer as questões e comece com pequenos experimentos em sua classe.

(1)   *Precedência da relação Aa — P*

O fundamento e o objetivo de um ensino orientado gestalt-pedagogicamente são a relação de confiança entre alunos e professor. Sempre que essa relação estiver perturbada, como também a relação dos alunos entre si, o nível eu-nós terá precedência sobre o tema.

Questões para a análise do ensino:
- Como está o clima social em sua classe?
- Que providências você toma para influenciar esse clima?
- Você está satisfeito ou insatisfeito com os resultados?
- Como está você para com seus alunos? A quem você favorece? A quem negligencia? De quem você não gosta? Quem gosta de você?
- Você coloca seus sentimentos na aula? Se sim, como?
- Você conta coisas pessoais a seus alunos?
- Os alunos lhe contam coisas pessoais?
- Como você reage a perguntas pessoais dos alunos?
- Como você reage a perturbações das relações com os alunos? Imagine situações concretas e passe por seu repertório de comportamento usual. No que você tem uma sensação boa e no que uma sensação ruim?

As questões devem servir para lhe tornar claro qual o tipo de relacionamento que mantém com os alunos. Atente e vise tais distúrbios no relacionamento e experimente possibilidades diversas de debate franco.

(2)   *Criação de uma situação horizontal de ensino e aprendizado*

O ensino orientado gestaltpedagogicamente exige um desenvolvimento no sentido de uma situação de ensino e aprendizado na qual as pessoas envolvidas levem a sério e respeitem umas às outras. Da mesma maneira que o aluno precisa estar pronto a aprender algo do professor, o professor precisa estar pronto a aprender algo dos alunos. As duas partes estão condicionadas uma à outra e tiram proveito de uma troca mútua. Isso significa também que o professor desenvolve confiança na capacidade dos alunos aprenderem por si mesmos e que os alunos adquirem confiança no professor.

Questões para a análise do ensino:
- Os alunos confiam em você?
- Você confia nos alunos?
- Quais são os temores que o impedem de ter mais confiança nos alunos?
- Quanta independência você permite a seus alunos; qual a proporção de ensino não planejado que você permite? Quando você fica impaciente?
- De que você julga capazes seus alunos?
- O que você aprende de seus alunos?

Essas questões devem ajudá-lo a descobrir até que ponto já existem em seu ensino condições para uma situação horizontal de aprendizagem. A cada questão você pode pensar se gostaria de modificar algo na situação ou se está satisfeito com a condição atual.

(3) *Consideração da unidade corpo-alma-mente*

O ensino, no modo de ver da gestaltpedagogia, só tem sentido se levado em conta o nível corpo-alma-mente. Ensino precisa portanto dirigir-se ao agir, sentir e pensar do aluno, dando-lhes a devida consideração.

Questões para a análise do ensino

* Com que freqüência você se dirige, em suas aulas, aos sentimentos dos alunos?
* Que possibilidades têm seus alunos de agir independentemente?
* Que possibilidades têm seus alunos de vivenciar e utilizar concretamente o corpo, em suas aulas?
* Que possibilidades têm seus alunos de resolver de maneira independente os problemas em aula?
* Você vê possibilidades de, através de um modo diferente de dirigir a aula, levar mais em conta os diferentes níveis? Quais são factíveis?

(4) *Aquilo que está no aluno configura o ponto de partida para a aula*

O professor precisa levar em consideração o significado presente e futuro do tema, na escolha da matéria. Em conformidade com a faixa etária, o professor deveria averiguar as necessidades de seus alunos relativamente ao tema. Ajustando às necessidades respectivas, o professor aumenta a possibilidade de co-determinação e co-estruturação dos alunos.

Questões

* Você sabe o que de sua matéria interessa aos alunos? O que você supõe? Verifique sua suposição!
* Como você pode, emendando no interesse e nos conhecimentos atuais dos seus alunos, tratar dos conteúdos estabelecidos por planos gerais regulamentares, de modo que tenham significado para os alunos (aprendizado significativo)?
* O que do tema de aula tem importância para o aluno em sua situação atual? Até que ponto pode se tornar importante no futuro? Coloque-o a par!
* Quais jogos, exercícios de tematização de aqui-e-agora você considera exeqüíveis em sua classe?

(5) *Consideração da unidade indivíduo/meio*

A gestaltpedagogia dêve despertar no aluno uma consciência de responsabilidade para os laços que tem com a sociedade humana. Ele deve aprender a agir com responsabilidade frente aos meios animado e inanimado. Isso pressupõe que o ensino torne claras as relações. Dependendo da faixa etária, é preciso, partindo da estrutura de relacionamento e comportamento na associação da classe, verificar as formas sociais de tratar um ao outro.

Questões para a análise do ensino

- Você conhece a estrutura de relacionamentos dentro de sua classe? Você sabe, por exemplo, por que Fritz senta ao lado de Peter? Por que Sabine senta sozinha?
- Que possibilidades você vê de ter influência sobre a estrutura de relacionamentos em sua classe?
- O que você sabe sobre o lar de seus alunos?
- Você sabe o que movimenta seus alunos fora da escola e como utilizam seu tempo livre?
- Seus alunos conhecem as condições regulamentares da escola?
- Seus alunos sabem por que você tem que escolher certos temas?
- Seus alunos conhecem os direitos e possibilidades de co-determinação que têm?
- Seus alunos sabem a quais pressões você, como professor, está submetido?
- No tratamento dos temas você deixa claro aos alunos o significado que o saber almejado e as opiniões têm para eles próprios e para seu meio social?
- Você possibilita a seus alunos que percebam que efeitos mudanças em seu meio social podem ter sobre sua própria vida pessoal?

(6) *Aprendizado através de vivenciar e agir*

Ensino orientado gestaltpedagogicamente significa que o professor cria situações nas quais os alunos podem vivenciar e compreender, agindo ativamente, aquilo que lhes é importante.

Questões para a análise do ensino

- Como você pode estruturar partes de seu ensino de maneira mais estimulante, emocionante e excitante?
- Onde em seu ensino se oferecem oportunidades de atuação orientada pela experiência?
- Onde você vê possibilidades de criar situações nas quais seus alunos possam discutir um tema agindo ativamente?

- Onde em seu ensino você pode renunciar a descrições abstratas e organizar experiências diretamente no local ou deixar que os envolvidos tenham a palavra?

- Onde você vê possibilidades de fomentar a atividade autônoma de seus alunos?

- Em quais partes de sua preparação de aula os alunos podem, por si mesmos elaborar partes ou encarregar-se delas?

- Quantas ações (operações concretas, operações mentais) você realiza em uma aula, quantas os seus alunos? Como aumentar a participação ativa dos alunos?

Essas questões devem ajudá-lo a encontrar pontos de abordagem para um ensino orientado mais fortemente em direção à vivência e à ação.

Perspectivas

A quantidade de questões talvez o tenha perturbado ou mesmo zangado. Você esperava por respostas e está agora possivelmente frente a mais perguntas que antes. Mas por favor, lembre-se de que se trata de um grande catálogo que nem mesmo pretende ser completo. Tendo em vista a falta de fantasia da escola burocratizada e padronizada, existem tantos percalços no caminho da mudança que facilmente se pode desistir.

Encare as questões como uma provisão que você pode usar de tempos em tempos para aguçar sua visão sobre a situação do ensino. A escolha da seqüência e da ênfase é um problema seu. Reflita também, por favor, que é melhor que de início você se restrinja a partes. Poucas pessoas podem se concentrar sobre mais de oito características.

Também não espere sucessos repentinos. Educação e ensino são processos de longa duração que exigem muita paciência. Muitas vezes, só bem mais tarde torna-se claro quantos avanços nós mesmos e os alunos fizemos.

O pensamento de abordagem gestáltica é um método criativo para análise e modificação do ensino. Numa espécie de visão geral, tendo como fundo a teoria, você estará em condições de formular, de modo consciente, críticas ao procedimento usual no ensino e a introduzir passos para a mudança.

Para tornar esse fato mais claro vamos apresentar-lhe, no parágrafo que segue, uma unidade de ensino exemplar. Em seqüência a ela um esboço de projetos de ensino possíveis, que deixará nítida a direção que devemos seguir.

12.2 UNIDADE DE ENSINO EXEMPLAR

12.2.1 *Unidade de ensino: escolha profissional, candidatura e currículo*

Introdução

A UE que segue deve lhe transmitir uma impressão plástica de como conteúdos tradicionais formalmente exigidos podem ser abordados gestaltpedagogicamente.

A unidade deve ser entendida como um modelo exemplar que precisa ser adaptado às suas condições pessoais e institucionais. Como os processos emocionais podem dificilmente ser planejados e como faz parte do papel gestaltpedagógico do professor que ele reaja criativa e flexivelmente à cada situação de ensino, essa planificação deve ser tomada como sugestão.

Pedimos que atente para o fato de que existem disciplinas e temas que se prestam mais a um trabalho gestaltpedagógico, outros menos. Queira ter em mente também que uma unidade de ensino preparada com métodos gestaltpedagógicos ainda não é um ensino gestaltpedagógico. Este só pode se instaurar depois de uma mudança fundamental, preparada a longo prazo, da relação professor-aluno (relação de confiança, situação horizontal de ensino e aprendizagem).

A unidade de ensino apresentada representa um compromisso entre as reivindicações ideais da gestaltpedagogia e das exigências do sistema escolar oficial.

Imagine que você tem uma classe de 9.ª série * na disciplina alemão e que precisa cumprir a unidade candidatura e currículo, como solicita o planejamento. (Aqui nos parece necessária uma ampliação incluindo procura de profissão. Um conselho: em escolas que tenham a disciplina ensino profissional, especialmente em escolas integradas,** não esquecer a combinação com os colegas.)

Várias possibilidades se oferecem:

(1) Você olha seu caderno de linguagem, acha à p. 97 um "currículo modelo", elabora com os alunos o que ele deve conter, manda passarem a limpo em letra bonita e dá uma nota.

(2) Se você tiver melhor disposição, certamente pretenderá planejar uma boa fase de motivação, uma fase de problematização... para finalmente

---

* Em alemão *Gesamtschule,* uma escola que integra diversas modalidades de ensino até o final do 2.º grau (12.º ano). (N. do T.).

** Na Alemanha, o que no Brasil corresponderia a 1.º e 2.º graus, é um só curso corrido, ou seja, da 1.ª à 12.ª série. (N. do T.).

terminar com uma definição de resultado ou uma fase de controle. Se nada disso lhe agradar, tente assim:

(3) Nós lhe mostraremos as idéias que tivemos como professores engajados gestaltpedagogicamente.

Algumas aulas encontram-se apresentadas mais detalhadamente, outras esboçadas sumariamente. Organizamos opticamente as intenções, por um lado em objetivos gestaltpedagógicos e por outro em objetivos predominantemente relativos às disciplinas. (Entre parênteses indicamos onde tentamos realizar nossas intenções.)

Abreviações que serão freqüentemente utilizadas no que segue:

Aa	=	Alunos	FT	=	Folha de Trabalho
P	=	Professor	RP	=	Resultado Parcial
IP	=	Impulso do Professor	CD	=	Comentário Didático
DA	=	Discussão em Aula			
c	=	cognitivo	e	=	emocional
p	=	pragmático	s	=	social

1. Visão geral da unidade de ensino

1 Esclarecimento do ponto de partida, ajuda na escolha profissional, transmissão de informações (1.ª — 7.ª aula)

1.1 Esclarecimento do ponto de partida (aprox. 1 aula)[x]* (Que sensações e sentimentos desperta o complexo candidatura nos alunos?)

1.2 Elaboração e perspectivas (aprox. 1 aula)[x]

1.3 Esclarecimento dos desejos profissionais (aprox. 1 aula)[x]

1.4 Prontidão em dar e conseguir informações sobre os problemas levantados (aprox. 1 aula)

1.5 Completar as informações que faltam, preparação para um aconselhamento através do departamento de trabalho (aprox. 1 aula)

1.6 Aconselhamento através do departamento de trabalho (aprox. 1 aula)

1.7 Comparação da situação/disposição na 1.ª aula e na 7.ª aula (O que a UE modificou para mim?) (aprox. 1 aula)

2 Aquisição e treino de capacidades, habilidades e técnicas para realização de uma candidatura (8.ª — 15.ª aula)

---

* As aulas assinaladas por um x estão apresentadas em planejamento detalhado, as outras em planejamento sumário.

2.1 Documentação necessária para a candidatura (aprox. 2 aulas)

2.2 Jogos de simulação de candidatura (aprox. 2 aulas)[x]

2.3 Elaboração das experiências e apontamento das perspectivas (aprox. 1 aula)

2.4 Simulação das entrevistas de candidatura e elaboração das experiências (aprox. 2 aulas)

2.5 Caracterização da situação no aqui-e-agora, discussão de problemas pendentes (aprox. 1 aula).

2. *Intenções e objetivos de aprendizagem*

Os novos objetivos que levam em consideração o aspecto emocional do processo de aprendizagem:

* Estímulo de consciência (*awareness*) (e/c)
(1.1., 1.3., 1.7., 2.2., 2.3., 2.4., 2.5.)

* Tornar-se consciente de partes reprimidas da personalidade (e/c)
(1.1., 1.3., 1.7., 2.5.)

* Estímulo de crescimento pessoal (e/s/c)
(em especial 1.1., 1.7., 2.5.)

* Estímulo de auto-responsabilidade (s/c)
(1.3., 2.2., 2.4.)

* Centralização no aqui-e-agora (e/c)
(1.1., 1.7., 2.5.)

* Conhecer e reconhecer os próprios interesses e necessidades (tanto subjetivos quanto objetivos), bem como continuar a desenvolvê-los (e/c) (toda a UE)

* Perceber chances do alargamento do potencial de ação e vivência (experimentar) (e/s/c/p)

* Estímulo da autonomia (independência) (c/s)

* Combinação dos processos de aprendizagem emocional e cognitiva
(1.1., 1.2., 1.3., 1.7., 2.3., 2.4., 2.5.)

Os objetivos cognitivos enfatizados em um ensino usual:

* Os alunos são informados sobre suas possibilidades profissionais (c)
(1.4.-1.6.)

- Os alunos sabem a que devem estar atentos na escolha profissional (c)
  (1.3.-1.6.)

- Os alunos conhecem os lugares que colocam informações à disposição e podem buscá-las sozinhos (c/p)
  (1.4.-1.6.)

- Os alunos conhecem as possibilidades na procura de emprego (c)
  (1.4.-1.6.)

- Os alunos estão em condições de, por si próprios, realizar uma candidatura (p)
  (2.2., 2.3.) '

- Os alunos conhecem os critérios para a escolha de candidatos (c)
  (2.2., 2.3.)

- Os alunos sabem quais são os pontos relevantes quando se trata de conversas de candidatura e adquirem as respectivas estratégias de ação (c/p)
  (2.4.)

3. Planejamento sumário ou detalhado de cada aula da UE

Tema: esclarecimento do ponto de partida (1.ª aula da UE) (Quais sensações e sentimentos o complexo candidatura desperta nos Aa?)

Objetivos de aprendizagem

- Os Aa reconhecem as sensações positivas e/ou negativas que o tema lhes desperta.

- Os Aa podem falar bastante abertamente sobre os seus sentimentos com os outros Aa.

- Os Aa reconhecem o significado pessoal do tema para eles.

- Os Aa sabem como se sentem os colegas.

- Os Aa aprendem a reconhecer suas dificuldades com o tema e, eventualmente, a aceitá-las.

Transcorrer da aula:

1.ª fase: atar com aquilo que está no aluno

Formas sociais Formas de ação	Acontecimentos em aula
frontal, grupos em mesas; trabalho de grupo;	P apresenta UE e a fundamenta. IP: "O que desperta em vocês, quando pensam que deverão candidatar-se dentro de seis meses?" (conforme o caso: "...que deverão fazer um estágio profissional?) Manifestações espontâneas. P solicita aos Aa que se dividam em seis grupos de 5 Aa (incluindo mudança de ordem em que estão sentados). P distribui para auxiliar uma FT com inícios de sentenças que devem ser completadas. (FT — apêndice) Os Aa respondem às perguntas e fazem trocas. P: "Se vocês tiverem dificuldades, estou à disposição". (P como facilitador)

RP

Os Aa reconhecem o que o tema faz com eles, o que lhes significa, verbalizam suas sensações.

CD

Essa fase deve deixar claro aos Aa seu posicionamento frente ao tema e possibilitar um aprendizado significativo. Nessa fase os Aa devem ter clareza sobre quais as sensações, os medos e as esperanças que os ligam ao tema.

Os grupos pequenos possibilitam maior abertura e uma queda do limiar de inibição. O tamanho do grupo é determinado pelas necessidades dos Aa. A folha de trabalho serve como ajuda para a verbalização dos sentimentos e para a redução do limiar de inibição. A atividade própria dos Aa está em primeiro plano; o professor como facilitador, ao fundo, pode esperar ser chamado pelos Aa quando houver necessidade.

2.ª fase: Feedback (da 1.ª fase)

Formas sociais Formas de ação	Acontecimentos em aula
Grupos em mesas; DA, trabalho silencioso, discussão nos grupos, DA;	P dá impulsos: "Pensem quais perguntas consideram fáceis, quais difíceis?" "De que dependeu isso?"

> **RP**
> Os Aa reconhecem suas resistências (e trabalham nelas).
> Os Aa reconhecem que outros Aa também têm problemas.
>
> **CD**
> As perguntas servem para tornar os Aa conscientes dos pontos em que têm dificuldades.
> Subentende-se que os Aa tenham experiência em lidar com tais "jogos", FTs e perguntas de avaliação.

3.ª fase: Resumo dos resultados e sentimentos dos Aa

Formas sociais Formas de ação	Acontecimentos em aula
Grupos em mesas; trabalho em grupo;	P distribui papel de embrulho ou de parede em tiras grandes. P dá a cada grupo 6 tiras grandes e 5 hidrográficas. Um aluno de cada grupo escreve as respostas dos membros do grupo a uma determinada frase sobre sua tira de papel de embrulho. P projeta transparência na parede que esclarece a configuração do painel de papel de parede. Os Aa de cada grupo colocam suas tiras e penduram seu "cartaz de grupo" numa parede da sala, de modo que por fim estejam lá pendurados 6 grandes cartazes.

RP

P pode reconhecer o que está nos Aa (partir daquilo que está no aluno, aprendizado significativo) e os Aa reconhecem o que está contido em seu grupo.

CD

Para o P é extremamente importante conhecer a relação dos Aa para com o tema, que sentimentos o tema lhes desperta, de modo a poder, a partir disso, orientar o planejamento e o procedimento subseqüentes.

O cartaz serve para uma apresentação conjunta do grupo e para a transmissão de informações a toda a classe. Através da mútua troca de informações os Aa reconhecem que outros Aa têm sentimentos semelhantes. Assim é preparada a base para uma elaboração mais franca e solidária do tema.

(Por favor, lembre que o "cartaz de grupo" pode ser arrancado se outras turmas utilizarem a sala.)

Nome:

Que sentimentos e sensações despertou em mim a idéia de que, mais cedo ou mais tarde, vou precisar ter clara minha escolha profissional e de que vou ter que me candidatar?

Eu já estou contente por ....

....

....

Eu temo que...

....

....

Eu espero que ....

....

....

....

Eu não quero de modo algum que...

....

....

....

Eu imagino que...

....

....

Nome:

Que sentimentos e sensações despertou em mim a idéia de que, mais cedo ou mais tarde, vou precisar ter clara a minha escolha profissional e de que vou ter que me candidatar?

Eu já estou contente por saber que algum dia vai começar minha existência como aposentado.
— poder descarregar tudo em minha mãe, depois de tanta confusão, já que espero poder me mudar.

Eu temo que fracasse na guerra de papéis.
— não passe no exame final.
— também não consiga emprego e fique dependendo da previdência social.

Eu espero que tenha logo passado por tudo isso.
— não me sinta mal frente a esta merda.
— a eventual profissão me traga prazer e me dê liberdade suficiente.
— ganhe o suficiente (espero que bem mais do que eu possa gastar, para poder construir alguma coisa).

Eu não quero de modo algum
— tornar-me motorista de caminhão de lixo.
— que tudo dê errado.
— que tudo me dê náuseas, como agora.
— que eu fique sozinho, quando resolver esta coisa (isso significa: candidatura, currículo etc.).

Eu imagino que vou ter um colapso nervoso, vou ficar louco e não vou conseguir mais nada da merda de vida.
— vou logo morrer num acidente.

Tema: Elaboração e perspectiva (2.ª aula da UE)

Objetivo de aprendizagem:

— Aa reconhecem qual o efeito do tema sobre eles próprios e sobre os colegas,

— Aa sabem que os outros Aa sentem da mesma forma que eles,

— Aa experienciam seu corpo no aqui-e-agora e exercitam concentração conscientemente,

— Aa podem refletir sobre suas experiências,

— Aa sabem como a UE continua.

Transcorrer da aula:

1.ª fase: Exercícios corporais e *feedback* para o exercício corporal pelos Aa

Formas sociais Formas de ação	Acontecimentos em aula
Forma de ferradura; em pé; trabalho individual	P: "Levantem agora todos, procurem ficar soltos e relaxados, fiquem sobre o metatarso, dobrem os joelhos levemente; agora atentem para sua respiração, inspirem e expirem regularmente, inspirar, expirar...; Ouçam o interior de seus corpos; agora procurem respirar para dentro da barriga, ...peito ...pé esquerdo/pé direito.

> **RP**
> Os Aa experienciaram seus corpos e nisso se concentraram e relaxaram.
>
> **CD**
> Aqui não vem ao caso qual exercício corporal concreto foi feito, mas que, de acordo com a unidade corpo-alma-mente no início da aula, torne-se tema o próprio corpo/a própria situação no aqui-e-agora.

2ª. *fase:* Avaliação do trabalho em grupo

Formas sociais Formas de ação	Acontecimentos em aula
Frontal ou grupos em mesas; discurso do P; DA;	P começa com *feedback* dos trabalhos dos Aa. P projeta na parede a transparência com os resultados resumidos por ele e discute os que, em sua opinião, são problemas e temores centrais. Os Aa se expressam a respeito (acordo, indignação, idéias sobre como melhorar) eventualmente tematização de certas dificuldades (caso tenham urgência). P: "Todos vocês vêem, em maior ou menor escala, problemas e dificuldades na procura de emprego. Isso é normal. Não podemos resolver todos os problemas, mas vamos tentar abordar alguns deles e eu lhes garanto que depois disso vocês vão saber mais a respeito e enfrentarão a coisa com mais segurança". (O P como criador de ambiente) P: "Se alguém tiver um problema bem grande, pode vir a mim". (Oferta limitada(!) de conselhos)

RP

Os Aa percebem pelo resumo como a classe está para o tema e sabem que outros Aa também têm dificuldades. Eles ficam sabendo que o P leva seus problemas a sério e que quer continuar a abordá-los. (Motivação!)

CD

O P precisa tomar cuidado para que não se estabeleça um objetivo de ensino encoberto do tipo "lamúria", isto é, temores e esperanças devem aparecer em igual medida. O P precisa tomar cuidado para que o Nós não recaia em sentimentalismos e numa superproblematização. Ao invés disso salientar a auto-responsabilidade e educar para a independência.

3.ª fase: Participação informativa do professor para continuação do processo e discussão.

Formas sociais Formas de ação	Acontecimentos em aula
Frontal, grupos em mesas; informação do P, discussão;	P projeta na parede, por meio de transparência, a continuação da estrutura da UE como, em sua opinião, ela teria sentido. Aa e P discutem em conjunto essa sugestão para a continuidade do trabalho.

RP

Os Aa estão sintonizados com a continuidade e apresentaram seus interesses. Os Aa experienciaram a aula como um lugar onde os problemas de vida são realmente levados a sério e onde conseguem ajuda.

CD

Os Aa participam da seqüência do planejamento, arcando assim também com parte da responsabilidade.

Tema: Esclarecimento dos desejos profissionais (3.ª aula da UE)

Objetivos de aprendizagem:

— Aa que já tenham uma idéia sobre profissão devem, de modo construtivo, ser tornados inseguros,
— Aa sem uma idéia sobre profissão devem obter auxílio para a concretização de idéias.

Transcorrer da aula:

1.ª fase: Introdução

Formas sociais Formas de ação	Acontecimentos em aula
Grupos em mesas; trabalhos em grupo;	P: "Na última vez ficou claro que para muitos de vocês ainda existem grandes dificuldades de externar um desejo profissional claro. Outros já estão muito

seguros daquilo que querem. Para ajudar alguns a terem as coisas mais claras e dar a outros a possibilidade de mais uma vez checar suas escolhas, eu proponho o seguinte:

Formem grupos de pessoas que já sabem o que querem e outros de pessoas que ainda não o sabem.

Cada um obterá uma folha de trabalho com questões que devem auxiliá-los a refletir. Preencham a folha individualmente e depois discutam a respeito.

Se tiverem dificuldades ou perguntas estou à sua disposição".

Formação dos grupos, distribuição das folhas de trabalho; os Aa preenchem a folha individualmente e a discutem em seus grupos.

RP

Folha 1:   Os Aa tornam-se conscientes em pontos individuais de que ainda lhes faltam informações.

Os Aa podem reconhecer mais conscientemente o que os levou à sua decisão.

Folha 2:   Os Aa têm a oportunidade de estruturar suas idéias difusas.

Os Aa recebem ajuda para a concretização de suas aspirações profissionais.

Os Aa reconhecem sua situação atual.

CD

Aqui é importante proceder diferenciadamente. A diferenciação em dois grupos possibilita ao P partir daquilo que está no aluno. A folha de trabalho deve ser uma ajuda para a conscientização. O trabalho com ela possibilita também o seguimento de objetivos usuais, como discussão, trabalho em grupo, fomento da capacidade de expressão e cria uma atividade própria relacionada à personalidade além de um motivo real para escrever.

2.ª fase: Documentação e asseguração de resultados

Formas sociais Formas de ação	Acontecimentos em aula
Grupos em mesas; trabalho em silêncio (reflexão);	P: "Quero que pensem o que, pela folha, se modificou para vocês. Vocês vão receber uma tira de papel de embrulho na qual escreverão o que representa o problema mais importante, para sabermos nas próximas aulas sobre o que temos nos informar". Distribuição das tiras. P: "Fechem os olhos, sentem e relaxem, cada um encontrando a melhor postura para sentar, e então pensem mais uma vez nos últimos minutos. Que pergunta foi fácil? Onde vocês tiveram dificuldades? Agora pensem qual é a sua mais importante pergunta em aberto, seu mais importante problema, aquilo que mais os pressiona? Tentem escrever uma frase que exprima isso". Os Aa pensam e escrevem. P: "Agora tentem acrescentar aquilo que poderiam fazer para progredir em sua pergunta". P: "Vão terminando devagarinho e coloquem suas frases no centro, peguem uma e falem a respeito." Para encerrar, as tiras são penduradas na sala como resultado de grupo.

RP

Os Aa reconheceram e verbalizaram o que para eles é um importante problema.

Os Aa conversaram entre si a respeito e adquiriram compreensão para a situação no grupo.

Os Aa enfrentam o seu problema.

CD

Esta fase se presta a uma nova elaboração e a um afunilamento sobre um problema central. O aluno deve reconhecer onde está a sua dificuldade principal, bem como sua própria responsabilidade, sua participação e suas possibilidades. (Arque com a responsabilidade, *self-support,* princípio de estímulo à consciência.)

Através desse trabalho o professor fica sabendo o que está no aluno, que expectativas tem, o que lhe falta. Esta é a condição necessária para na próxima aula poder entrar nas necessidades dos Aa.

Folha de trabalho 1

(para os Aa que já sabem o que querem)

O que contribuiu para a sua decisão?

O que você sabe sobre a sua profissão?

O que mais você quer saber sobre sua profissão?

Como você se sente em relação à sua profissão?

Que incertezas você ainda sente?

Que outras profissões também interessam a você?

Por que você não cogita delas?

Se pudesse decidir agora, sem que ninguém dissesse nada, você escolheria novamente a mesma profissão ou uma outra?

Se você escolhesse uma outra profissão, quem ou o que iria impedir que o fizesse?

Pense: Onde foi fácil responder? Onde foi difícil? A que você relaciona isso?

Folha de trabalho 2

(para Aa que ainda não sabem o que querem)

Com que você gosta de se ocupar?

O que lhe traz satisfação?

Existe alguma matéria que você goste mais que outras?

O que você acha que sabe fazer bem?

Existe algum trabalho que você consegue imaginar primeiro?

Quais profissões que você acha que pode desempenhar, você conhece?

De que mais você precisa para tornar uma decisão mais fácil?

Quem poderia ajudar você nisso?

Como você se sente não sabendo ainda o que quer?

O que você espera de sua profissão?

Quem ou o que impede você de realizar seus desejos?

Pense: Onde foi fácil responder? Onde foi difícil? A que você relaciona isso?

Tema: Procura de informações relacionadas às questões levantadas: (4.ª aula da UE)

Sob coordenação do P os Aa formam grupos de trabalho por semelhança de problemas.

P fornece, conforme a necessidade, materiais para prosseguimento, por exemplo, folhas para pesquisas de profissão, listas de endereços, listas de checagem de pontos que devem ser observados numa escolha profissional etc.

P está à disposição dos Aa para aconselhamento.

No fim da aula cada grupo compõe uma lista de informações e material de informação que ainda lhe falta.

CD

Depois de na 3.ª aula a problematização ter estado em primeiro plano, agora é preciso colocar à disposição possibilidades para um esclarecimento provisório. Devido o material oferecido, os Aa podem se informar a respeito de suas dúvidas, isto é, cada aluno lê especialmente aquilo que precisa e que interessa. Assim está garantido que o maior número possível de Aa poderá tirar proveito da aula. O P está à disposição como fonte de informação que os Aa podem utilizar conforme suas necessidades.

Tema: Complementação de informação, preparação de um aconselhamento através do departamento de trabalho (5.ª aula da UE)

CD

A aula serve para coletar as perguntas abertas, respondê-las tanto quanto possível com o material existente e esclarecer o que se deseja perguntar ao funcionário do departamento de trabalho. Dessa forma os problemas dos Aa estão em primeiro plano e não uma lista de perguntas desenvolvida pelo professor.

Tema: Aconselhamento pelo departamento de trabalho
(6.ª aula da UE)

> **CD**
>
> Esta aula deve proporcionar aos Aa experiência com a instituição departamento de trabalho e seguir a questão: "Como eu encontro um emprego?"

Tema: Comparação da situação/disposição da 1.ª com a 7.ª aula
(7.ª aula da UE)

Início da aula, com exercício relativo ao aqui-e-agora (sugestões provenientes de obras pertinentes).

Rodada de *Feedback* quanto ao decorrer da UE até o presente momento.

> **CD**
>
> Depois de nas últimas três aulas a informação ter estado em primeiro plano, é necessário averiguar agora o que os Aa podem fazer com isso. Pela comparação de seus sentimentos na 1.ª aula da UE com a aula de hoje eles podem concluir se sua situação melhorou ou não. Modificações positivas e negativas são abordadas e assim tornadas acessíveis para um trabalho com elas.

Tema: Documentação referente à candidatura (8.ª/9.ª aula da UE)

Dependendo da situação, eventual exercício de concentração ao início.

> **CD**
>
> A escolha dos exercícios é determinada pelo que se encontra em primeiro plano na classe (inquietação, sonolência, desinteresse, discussão da devolução de um trabalho de matemática). Quando o distúrbio se revela muito significativo, o tema precisa se mover para o fundo e o distúrbio trabalhado pelos métodos apropriados.

1.ª fase: P distribui jornais, os Aa devem escolher os anúncios de emprego que lhes interessam. P pergunta se é possível perceber dos anúncios aquilo que é necessário para candidatar-se ao emprego.

CD

O objetivo é que, através do manuseio dos diversos jornais, os alunos tenham a experiência de onde encontrar anúncios e o que no texto do anúncio lhes é importante.

2.ª fase: P distribui a folha de informações que relaciona os documentos para candidatura e que contém um modelo de *curriculum vitae* e um modelo de carta de candidatura.

P discute com os Aa o que é exigido em termos de forma e de conteúdo relativos a um currículo e a uma carta de candidatura.

CD

Esta fase, por motivo de economia de tempo, é concebida conscientemente como uma mera fase de informação na qual os Aa recebem as informações passivamente.

3.ª fase: Aa escreve um currículo

(eventualmente a ser concluído como lição de casa)

CD

Nesta fase os Aa devem se utilizar sozinhos das informações da 2.ª fase e assim avançar da dimensão puramente cognitiva para a dimensão pragmática.

Tema: Jogo simulando candidatura (10.ª/11.ª aula da UE)

Transcorrer da aula:

1.ª fase: Formação do grupo

Formas sociais Formas de ação	Acontecimentos em aula
Frontal, grupos em mesas; informação do P;	P apresenta o tema da aula e dá a tarefa. P: "Hoje vocês devem fazer um jogo, no qual poderão ficar sabendo o que lhes pode acontecer quando se candidatarem.* Para isso precisamos de dois grupos: um grupo de mestres ** e outro de pessoas que procuram emprego. O P determina o grupo de mestres (por motivos pedagógicos os de melhor desempenho), os outros Aa formam o grupo que está à procura de uma formação profissional.*** P solicita aos mestres que se separem devidamente dos demais. P fornece os dados: "Nós temos dez vagas de aprendizado à disposição e vinte candidatos. Dez profissões são oferecidas. Vocês precisam agora se decidir por uma. Para cada vaga só duas pessoas podem se candidatar. P projeta na parede a transparência com as profissões (as profissões deveriam ser escolhidas pelo P, se possível, dentro da situação real do mercado de trabalho). Os Aa têm três minutos para pensar em sua escolha profissional. Comunicam suas decisões e obtêm o respectivo anúncio.

> **RP**
> Os Aa conhecem as regras do jogo e se decidiram por uma profissão.
>
> **CD**
> Os Aa obtêm uma visão geral sobre o tema e sobre o transcorrer da aula (importante para a motivação e a possibilidade de uma participação ativa). O jogo constrói uma si-

---

* A um aprendizado. (N. do T.).

** Em alemão *Lehrherrn*. (N. do T.).

*** Em alemão *Ausbildungsplatz*. Na Alemanha é usual que o aluno, após terminar o 2.º grau, vá para um aprendizado, de onde sai como técnico. (N. do T.).

tuação de concorrência relativamente realista. Os Aa ficam conhecendo, numa situação simulada, o processo de candidatar-se. Experienciaram diretamente o que significa não arrumar emprego e também como são forçados a se acertarem com uma profissão que não desejam.

2.ª fase: Os Aa compilam os documentos necessários para candidatar-se

Formas sociais Formas de ação	Acontecimentos em aula
Frontal; trabalho individual;	P dá aos Aa a tarefa de responderem o anúncio, fazendo uma carta em que se candidatem à vaga e também a de preencherem um formulário de boletim previamente preparado e, finalmente, a de colocarem este, juntamente com o currículo elaborado na última aula, num envelope, endereçando-o ao mestre (a bem da simplicidade, suprime-se nesse caso a fotografia). No ínterim, os mestres elaboram as instruções dadas pelo P (tipo de estabelecimento, descrição do local de trabalho para a vaga oferecida, critérios para a admissão de candidatos).

RP

Os Aa preencheram e compilaram os documentos necessários à sua candidatura.

CD

O grupo de alunos que está à procura de uma vaga experiencia seu papel como candidato. O grupo dos mestres reconhece os critérios pelos quais o mestre faz a seleção. Essa é a experiência antecipada de uma situação com a qual vão se deparar e para a qual devem estar bem preparados.

3.ª fase: Os mestres apreciam a documentação

Formas sociais Formas de ação	Acontecimentos em aula
Forma social aberta; trabalho individual; DA livre;	Os mestres recebem os envelopes com a documentação, apreciam-nos e decidem segundo as instruções prévias (lista de checagem). Os aprendizes conversam.

> **RP**
> O grupo de alunos candidatos experienciou a incerteza e a situação de tensão e fez trocas a respeito.
> O grupo de alunos mestres ficou conhecendo critérios de decisão para a escolha e se decidiu.
>
> **CD**
> O grupo de alunos mestres vivencia a obrigação de decidir, o dos candidatos o sentimento de insegurança e incerteza.

4.ª fase: Os mestres preenchem um impresso fundamentando a não aceitação ou o emprego, e o mandam aos candidatos.

Formas sociais Formas de ação	Acontecimentos em aula
Forma social aberta; trabalho individual; DA livre;	Os candidatos tomam conhecimento da decisão dos mestres.

> **RP**
> Cada mestre escreveu uma carta de não aceitação e uma de emprego.
> Cada candidato teve notícias sobre a não aceitação ou sobre o emprego.
>
> **CD**
> O grupo de alunos mestres experienciou o seu poder. O grupo de alunos candidatos experienciou o que significa ser recusado ou aceito.

5.ª fase: Fase de captação

Formas sociais Formas de ação	Acontecimentos em aula
Círculo; conversa em círculo;	Todos os Aa sentam-se em círculo. Primeiramente segue um questionamento-relâmpago dos candidatos, depois, dos mestres.

P precisa eventualmente aprofundar-se depois do questionamento-relâmpago.

Por exemplo:

"Peter, você disse que não se sentia bem".

"Você parece bastante abatida, Martina".

Discussão de quais sentimentos são deflagrados pela recusa e pelo sucesso, e de como se poderia trabalhar com eles.

RP

Os candidatos relataram como se sentiram depois da recusa ou aceitação.

Os mestres relataram suas dificuldades de escolha.

Os Aa discutiram as possibilidades de como lidar com a situação.

CD

Esta fase de captação, depois do jogo em questão, é de grande importância, já que os sentimentos deflagrados pelo jogo devem ser tematizados. Devem aí ser apontadas as perspectivas; não se pode criar desespero.

Tema: Elaboração das experiências tidas até o momento e das perspectivas (12.ª aula da UE)

Verificar como é a situação de empregos no local. Qual a possibilidade de encontrar um emprego?

CD

O P precisa aqui necessariamente oferecer ajuda e indicações concretas, pois existe o perigo de se exigir demais dos alunos.

É muito importante apontar perspectivas aos Aa, para assim evitar falta de coragem e esperança, sem com isso minorar a de fato difícil situação das vagas para aprendizado.

Tema: Simulação de entrevistas e elaboração das experiências tidas (13.ª/14.ª aulas da UE)

Elaboração de questões próprias que se quer colocar durante a entrevista, bem como de possíveis questões do lado dos mestres (relativas a um anúncio conhecido já na 10.ª/11.ª aula).
Os Aa simulam entre si entrevistas; a seguir, uma rodada de *feedback.*
Num próximo estágio DA sobre aparência, verbalização, comportamento não verbal, tática de conversação... e nova simulação, levando-se em conta também esses aspectos.

CD
Aqui podem ser combinados importantes objetivos de aprendizado específico de um ensino de alemão, comunicativo e compreensível em si (comportamento não verbal, tática de conversação, verbalização), com métodos gestálticos como troca de papéis, identificação e experimento.

Tema: Avaliação da situação no aqui-e-agora, discussão aberta de problemas (15.ª aula da UE)

Exercícios para o aqui-e-agora que facilitem aos Aa se expressarem em relação à pergunta: "como vocês se sentem depois desta UE, frente a este complexo candidatura?".

CD
O P deveria chamar a atenção dos Aa para que aceitassem sua insegurança e, ao mesmo tempo, esclarecer que sobra um resto de insegurança, sendo possível e necessário conviver com isso.

12.2.2 *Sugestões para projetos de ensino*

Fornecemos-lhe, a seguir, uma coleção não sistemática de sugestões para um ensino modificado. Muitas coisas podem a princípio não soar como novas ou revolucionárias. Mas lembre-se: o ensino gestaltpedagógico precisa existir dentro das regras gerais impostas pelo ensino público. Ao lado dos conteúdos usuais e importantes existe uma série de temas de ensino modificado. O ensino orientado gestaltpedagogicamente pode muitas vezes consistir apenas numa mudança de ênfase ou num tratamento modificado dos temas.

Plano de trabalho e aulas à disposição

Nas disciplinas básicas deve-se gradualmente chegar a que os alunos coloquem planos semanais.

No ciclo básico isso é possível ao professor de classe. Uma parte do período de aulas ele pode colocar à livre disposição. Os planos obrigatórios para grupos com determinadas inclinações são discutidos e determinados com o professor. O procedimento para alcançar os objetivos colocados pelo grupo é determinado pelo próprio. O professor está à disposição como conselheiro. Para começar pode-se restringir esse princípio a duas ou três aulas contíguas e depois ampliar conforme o desenrolar da coisa. O grupo de alunos deve, entre outras coisas, aprender a se avaliar nos objetivos colocados por ele próprio.

Os possíveis projetos que poderiam vir de parte dos alunos seriam, por exemplo, a construção de um avião, navio ou coisa semelhante.

O primeiro passo é conseguir informações. Visitas à biblioteca; elaboração de um projeto; discussão com o professor sobre a viabilidade. Conseguir o material; execução, reflexão, conclusões finais.

Também seria possível a escolha de uma leitura em classe, a solução de um problema complexo, a criação de um jogo para a classe etc.

Como se vê nesses esboços, em tais projetos atingem-se objetivos de aprendizagem que transcendem as matérias. No contexto do ensino na escola básica é possível o aumento das horas disponíveis para uma manhã por semana.

Conselho de classe

Como moldura para o estímulo da auto-responsabilidade dos alunos o conselho de classe é uma boa possibilidade. Deveria ele reunir-se conforme as necessidades e encontrar uma abordagem para a solução conjunta de problemas. Em escala crescente deveriam também ser propostos projetos e apresentadas possibilidades de modificação do ensino.

ALEMÃO

No ensino de alemão oferece-se uma série de possibilidades de abordagem para um procedimento modificado.

• *Novos caminhos na recepção de textos:* Não tratar mais a literatura com esta divisa desacreditada: "o que o autor queria nos dizer com o texto", mas com a pergunta: "o que o texto significa para mim".

Procedimento possível:

Tematização da perplexidade que o texto desperta em cada aluno, ação sobre o eu, "o que posso tirar para mim do texto, o que não aceito?", evitar interpretações pseudo-objetivas, experimentos com identificação e distanciamento.

• *Novos caminhos na produção de textos:* A recepção de textos no ensino de alemão continua demasiado em primeiro plano. Fomentar os alunos a uma produção independente de textos deveria ser o objetivo. Isso pode ocorrer com uma produção baseada em formas literárias aceitas e predeterminadas, bem como com formas totalmente livres.

O ponto de partida poderia ser, por exemplo, numa classe nova a criação de um mural, com o qual os alunos obtêm a oportunidade de representarem a si próprios. No fim do ano poderia ser criado um segundo mural a ser comparado com o primeiro. Aqui são importantes questões como

• Como se modificou minha auto-imagem?

• Como sou visto pelo grupo?

• O que posso aceitar disso, o que quero modificar?

Uma boa possibilidade para o fomento da formação da personalidade e concomitante criação de um motivo autêntico para escrever é representado pelo diário. Os alunos deveriam ser incentivados a fixar por escrito vivências importantes para si próprios e apresentá-las, se desejado pela classe.

Uma outra possibilidade consiste na manutenção de um diário de classe no qual todos podem fazer registros e que é discutido de tempos em tempos. Nessas modalidades de produção de textos é sempre preciso, entretanto, que se evite uma avaliação, caso contrário não pode ser criada uma confiança autêntica. Os trabalhos escritos a serem avaliados devem ser bem separados em relação à produção livre e pessoal.

Uma outra possibilidade, muito pouco utilizada, consiste na criação de uma rede de comunicação a destinatários reais. O mais simples é a criação de uma correspondência de classes: classes que residam em lugares diferentes se correspondem. Primeiramente, talvez relatos sobre a sua região, sua paisagem etc. Aqui já se vê a ligação com outras disciplinas. Mais tarde talvez se pudesse chegar até a produção de textos literários para a outra classe. Esses textos poderiam então constituir parte do material de leitura da classe. A troca de jornais de classe pode servir de estímulo mútuo. Pela nossa própria prática de ensino sabemos o quanto os alunos ficam motivados com essas formas de ensino.

As férias

De Hilmar Stoll

Hans estava parado na escada que dava para a praia com a mala a seu lado. Observava as pessoas na praia. A maioria dos homens brincava com seus filhos, enquanto as mães estavam deitadas ao sol, deixando-se bronzear. Algumas crianças dormiam à sombra fresca das muitas centenas de guarda-sóis. Muitos construíam com seus pais castelos na areia ou iam com eles brincar na água. Quando viu isso, lembrou-se de sua infância na qual só por duas vezes tinha viajado com os pais. Seu pai trabalhava numa fábrica que produzia borrachas de apagar. Após um acidente de trabalho o pai ficou três meses no hospital. Lá morreu. Com lágrimas nos olhos ele então caminha com sua mala ao longo da praia. Quando chegou a seu guarda-sol, lá já se encontrava um grupo de jovens. Ficou então parado por algum tempo até que um dos jovens disse: "Por que nos olha tão embasbacado?". Ele não disse nada e continuou a andar. Ainda encontrou os vizinhos de quarto de hotel. Falaram então, como sempre, do tempo. Hans, porém, não ouvia, olhava fixo, como que enfeitiçado, para o mar. De repente correu com sua mala como um louco ao longo de toda a praia. Correu até o ponto onde finalmente parou. Esperou até que o barco de excursões aportasse. Quando este finalmente aportou, centenas de pessoas saíram do navio. Riam e falavam. Hans foi levado de roldão pela massa de pessoas. Foi parar numa região na qual ainda não havia estado. Continuou andando com a massa, que se reduzia mais e mais. De repente encontrou-se no meio de uma praça de mercado. Não se via uma pessoa. Entrou por uma das ruelas que saíam da praça do mercado. Eram nove ruelas. A primeira levava a um beco sem saída. Na segunda e na

> *28.11.80*   Hilmar Stoll
>
> ### Der Urlaub
>
> Hans stand auf der Treppe zum Strand, den Koffer neben sich gestellt. Er beobachtete die Menschen am Strand. Die meisten Männer spielten mit ihren Kindern während die Mütter in der Sonne lagen und sich knusprig braun brennen ließen. Einige der Kinder schliefen im kühlen Schatten der vielen Sonnenschirme. Viele bauten mit ihren Vätern Sandburgen oder sie gingen mit ihnen im Wasser plantschen. Als er das sah, erinnerte er sich an seine Kindheit,

terceira Hans se desesperou, pois elas levavam de volta à praça. Anoiteceu e as ruas estavam vazias. Ainda andava sem rumo. Andou e andou até cair de sono no chão e dormir. No dia seguinte andou de novo à procura do porto. *(28.11.80)*

O sonho

De Bernd Seiler

Buzinas. Ronco de motores. Mãos procuram segurá-lo. Vozes em uma língua desconhecida lhe sussurravam. Ele não entendia seu significado, mas sentia que elas o preveniam e que queriam convencê-lo a retornar. Ele queria retornar mas não podia. Andou rua abaixo. Uma luz estranha iluminou a cena. As vozes e mãos desapareceram repentinamente, mas em compensação o barulho de trânsito ficou terrivelmente alto.

De repente um tinir estridente interrompe o ronco dos motores. Banhado em suor ele acorda, pega seu despertador e com um movimento rotineiro da mão o silencia.

Ele se apóia e tenta se lembrar do sonho. Não consegue. A única coisa da qual se conscientiza é de que nunca tinha tido um sonho tão intenso. Procura desviar essas idéias para o fundo e se concentra nos acontecimentos do dia anterior. Sim, certo, ele tivera um aborrecimento com seu chefe pois o projeto de uma ponte que deveria terminar não ficara pronto a tempo. — "Esse velho, cabeça dura, por qualquer coisinha se exalta!" ele pensa, toma impulso e se levanta. Toma um abundante banho de chuveiro. Basta-lhe como desjejum uma xícara de café. Depois disso coloca seu roupão ordenadamente, o que não é do seu feitio, sobre a cadeira ao lado da cama. Veste-se, o que faz com muita rapidez, pois só anda de calça jeans e pulôver de gola olímpica. Quando está pronto, lança um olhar sobre o relógio, constatando que mais uma vez irá chegar atrasado.

Dirige-se à estação de metrô mais próxima, indo direto até a estação Zoo, onde desce e anda até seu escritório de arquitetura.

Eine Kurzgeschichte von Bernd Seiler

Der Traum

Caminha devagar, pois não lhe faz diferença se se atrasa 10 minutos ou 3 horas. Ele pensa: "O velho de qualquer jeito vai reclamar e me ameaçar de dispensa!". Quando empurra a porta de sua sala, vê o velho sentado sobre sua escrivaninha. Não se importa com isso e age como se não o visse. O chefe, como de costume, faz furiosas ameaças e, enquanto ele esperneia, Oliver Hammer vai começando o projeto para a ponte.

Às 19.00 horas é fim de expediente e Oliver é o primeiro a ir embora. Chegando em casa, dirige-se novamente ao chuveiro. Não vê, como é seu costume, o policial das 20.15 horas, indo direto para a cama. Ele já havia comido na hora do almoço. Mas pega no sono, volta a sonhar.

As cenas do sonho da noite anterior o assolam, ocorre uma espécie de continuação do sonho.

Encontra-se novamente na rua e, nesse instante, interrompe-se o barulho infernal dos motores. De repente vê os carros que antes não via. Estranho, os carros não têm rodas, mas mesmo assim se *movimentam. Formam um corredor que ele percorre, como que em transe. O silêncio é mortal. Gostaria de sair dali correndo e gritando, mas continua. De repente aparece à sua frente uma linda mulher, que lhe acena e ele não vê a hora de alcançá-la. Quando a alcança pensa não acreditar no que vê. À sua frente não se encontra mais a mulher bonita, mas um esqueleto envolto numa capa preta e com uma foice nas mãos. Fica tomado de um pânico, como nunca tinha vivenciado. Corre e corre e não sai do lugar. Por um instante começa de novo o rugir dos motores. Os carros vêm todos em sua direção, mas acima de tudo, ouvem-se risadas infernais.*

Assustado com seu próprio grito, acorda. Olha para o despertador, que falhara, achando que vai chegar pelo menos 2 horas atrasado ao escritório. Levanta, veste-se e sai correndo de casa. Chegando à rua pensa estar sonhando, pois do outro lado está a mulher do sonho, da qual ele subitamente se lembra. Sem reparar no trânsito, sai correndo. Ouve-se o guinchar agudo de freios que, no entanto, não consegue superar um grito estridente. (28-11-80)

• *Representação cênica na aula:* As diferentes formas de representação cênica, do improviso segundo Moreno, passando pela encenação de um papel, até a complexa encenação planificada, devem se tornar componentes integrados ao ensino de alemão. Iríamos longe demais se apresentássemos exemplos a respeito. Em relação a isso já existe uma literatura abrangente e aproveitável. A abordagem gestáltica seria partir sempre do significado da experiência para o indivíduo e ficar atento para quais resistências se têm quando se assume um papel etc.

• *Ensaio de diferentes formas de verbalização:* O ensaio das formas usuais de verbalização, por exemplo, discussão, briga etc., devem sempre ocorrer sobre um fundo real de vida. O ensaio formal deve ser descartado. Sempre que se oferecerem, os motivos concretos de verbalização devem ser aproveitados e elaborados construtivamente.

Como exemplo, o projeto de aula poderia ser: fazer com que os alunos vivenciassem a relação entre emoções próprias e a formação de opiniões. O objetivo reside no fato dos alunos aprenderem a aceitar suas emoções e a trabalhar com elas. Por isso deve-se também descartar a conversa pseudo-racional e sem emoção.

• *Dialeto no ensino de alemão:* Seria possível no âmbito da correspondência de classe, a troca de fitas gravadas, nas quais um grupo dá a outro exemplos de sua pronúncia, talvez colocando charadas. Os alunos poderiam então comparar sua própria fala e encontrar as diferenças. Poderiam fazer entrevistas com diversas pessoas no meio em que vivem e determinar os dialetos.

O objetivo seria compreender num meio social concreto o dialeto como parte da própria personalidade (Tema: Dialeto e Identidade).

MATEMÁTICA

Neste ponto é urgente a mudança das formas predominantes de interação. Uma possibilidade seria a criação em conjunto de fichários de tarefa. Os alunos elaboram em grupos autônomos tarefas relacionadas às diferentes formas exigidas de cálculo. As tarefas são colecionadas num fichário que os alunos trabalham segundo suas necessidades e inclinações. Os alunos colocam com prazer tarefas uns para os outros. São valiosos também os acordos entre os colegas, nos quais os bons em cálculo se comprometem a auxiliar os mais fracos na superação das tarefas.

Notamos constantemente na prática escolar como os alunos têm dificuldade na execução de cálculos, apesar de exercício intensivo. Aparentemente, isso não significa conseqüência do grau de dificuldade, mas da falta de sentido no tratamento esquemático a que são submetidas as tarefas dadas aos alunos.

Poderiam ser utilizados, com sentido, projetos que apresentassem certa relação com a vida. Por exemplo:

Fazer um bolo (cálculo de gastos, medição dos ingredientes, dosagem adequada da temperatura, manejo do forno); existência de um caixa de classe; cálculo das despesas de uma excursão de classe (recolher ofertas, comparar preços/vantagens).

Além disso, os alunos poderiam se pesar, medir (cálculo do peso total da classe, do comprimento total, elaboração de uma tabela sobre as modificações em determinados espaços de tempo etc.), copiar um ao outro em papel de embrulho e calcular por aproximação a área (comparação de áreas).

Se não for possível na escola, poderiam ser levados a cabo no âmbito da pedagogia de lazer projetos de jogos que simulassem situações de vida mais complexas, por exemplo, jogos urbanos (problemas: preço de terrenos, custos de construção, taxas, impostos, orçamento público, interesses diversos etc.).

HISTÓRIA

Justamente o ensino de história oferece um potencial totalmente não utilizado para a associação entre o aprendizado cognitivo e o emocional.

Você alguma vez já pensou em deixar falar em sua aula testemunhas oculares da recente história alemã? Existem ainda numerosos cidadãos que poderiam, por exemplo, falar sobre a confusão do após-guerra, sobre a Olimpíada de 1936, sobre sua vivência escolar etc. Disso poderiam resultar múltiplos pontos de contato para discussão e perguntas dos alunos. Estes poderiam por si mesmos proceder a pesquisas históricas, como ocorreu em Berlim, onde alunos de Wedding levantaram a história sobre a lavagem em sua região. A pesquisa de usos e costumes pátrios poderia ser um outro campo. Uma outra possibilidade seria a pesquisa da formação e modificação históricas dos ambientes domiciliar e escolar.

A estruturação dramática de acontecimentos históricos através de representação de cenas ou a promoção de disputas e debates criam um ensino de história vivo e ativo, que fomenta um envolvimento intensivo e uma troca de papéis por parte dos alunos.

No âmbito de projetos menores, adequados especialmente para períodos em escolas-moradia de campo ou colônias de férias são as dramatizações históricas.

Exemplo: Cidade na Idade Média

(As crianças constroem a cidade, confeccionam roupas e bandeirolas para poderem se vestir a caráter, elegem o conselho da cidade; em oficinas são criados enfeites de couro e armas. Realiza-se uma feira. Se possível, visitam-se os cenários reais.)

12.3 BIBLIOGRAFIA ESCOLHIDA E COMENTADA

Exercícios e jogos

Stevens, John O.: Die Kunst der Wahrnehmung. Exercícios da gestalt-terapia, Kaiser-Verlag, Munique 1977.

Excelente programa de treinamento para uma melhor percepção. Contém inúmeros exercícios gestálticos. O livro presta-se tanto a um treino pessoal quanto a um treino em grupos.

Vofel, Kraus W.: Interaktionsspiele, 6 volumes, série: *Lebendiges Lernen und Lohren.* Isko-Press. Hamburgo 1978.

Coletânea muito útil e boa de inúmeros exercícios e jogos. Uma base útil para aplicação criativa em grupos.

Na mesma série foi publicado um manual para facilitadores de grupos, que fornece boas indicações, orientadas à prática, da utilização dos jogos.

Os volumes 10-13 dessa série têm exclusivamente como conteúdo jogos de interação para crianças (8-12 anos), em parte moldados até para o uso na escola.

Gudjons, Herbert: Praxis der Interaktionserziehung. Klinkhardt Verlag, Bad Heilbronn 1978.

Excelente breve introdução aos problemas da educação interativa. 170 páginas de exercícios úteis. Recomendável principalmente para principiantes que desejam um resumo e instruções práticas concretas.

Schwäbisch L./Siems M.: Anleitung zum sozialen Lernen für Paare, Gruppen und Erzieher. Rohwolt. Hamburgo 1974.

Programa útil para principiantes; menos indicado para uso no ensino que para o crescimento pessoal.

Newberg N./Borton T.: Emotionales und soziales Lernen in der Schule. Kösel. Munique 1976.

21 esboços de aula para o penúltimo ano do 1.º grau. Fornece uma série de sugestões muito úteis. É verdade que não tenta uma integração de aprendizagem de matérias com o social, ao invés disso, o aprendizado social como uma oferta suplementar especial.

Gestaltpedagogia

Petzold H. G./G. I. Brown: Gestaltpädagogik. Pfeiffer. Munique 1977.

Reader que compila uma série de ensaios do território alemão e do americano. Parcialmente, as contribuições são antes de natureza teórica, porém dão-se sugestões úteis para a prática. Interessante para os que desejarem se ocupar detalhadamente da matéria.

Brown, George I. (Org.): Gefühl und Aktion. Flach KG. Frankfurt 1978.

Reader útil. Teóricos e práticos relatam a respeito de suas experiências com métodos gestálticos no ensino.

Rogers, Carl R.: Lernen in Freiheit. Kösel. Munique 1974.

Excelente livro, indispensável. Apresentam-se boas idéias para um ensino modificado, baseadas em experiências práticas concretas. De fácil leitura. A abordagem não é completamente idêntica à da gestaltpedagogia, mas com ela muito relacionada.

Gestalt-terapia

Ao lado dos livros já citados no texto, recomendamos às pessoas que se queiram aprofundar com maior intensidade na teoria e prática da gestalt-terapia, especialmente duas obras de Fritz Perls:

Perls, Fritz: Gestalt-Therapie in Aktion. Stuttgart 1976.

Baseado em protocolos gravados em fita, Perls esclarece seu método, ocupando-se em especial do trabalho com sonhos.

Perls, Fritz: Grundlagen der Gestalt-Therapie. Munique 1976.

Representação muito boa, de fácil leitura, de sua teoria. Em nossa opinião o melhor livro de Perls.

Com relação à biografia de Perls

Jack Gaines: Fritz Perls here & now. Millbrae, California 1979.

Biografia muito boa, escrita de maneira interessante. Conhecidos e colaboradores de Perls têm a palavra, proporcionando uma visão plástica da vida desse homem controvertido, bem como uma idéia do ambiente "gestáltico" americano.

Com relação à crítica da realidade escolar

Apresentamos uma série de livros que, de fontes outras que as da gestalt-terapia, chegam aos mesmos resultados. Oferecem, parcialmente, excelentes sugestões, aguçando nossas maneiras de ver relativas àquilo que se exige de uma prática escolar modificada.

Goodman, Paul: Das Verhängnis der Schule. Frankfurt 1975.

Já há dois decênios Goodman criticava o desenvolvimento do sistema escolar americano. Muitas de suas indicações e sugestões são lidas como ilustração da atual realidade escolar na Alemanha.

Freire, Paulo: Pädagogik der Unterdrückten. Hamburgo 1976

Crítica do papel do professor e desenvolvimento de uma nova forma de ensino que se baseia numa relação dialógica (horizontal). Apesar de escrita tendo ao fundo as condições existentes na América do Sul, uma obra extremamente estimulante para nós.

Freire, Paulo: Erziehung als Praxis der Freiheit. Hamburgo 1977.

Apresentação e aplicação de suas idéias no âmbito de uma campanha de alfabetização.

Negt, Oskar: Schule als Erfahrungsraum — Gesellschaftliche Aspekte des Glocksee-Projekts. Ästhetik und Kommunikation, cadernos 22/23, 1976.

Crítica ao sistema escolar alemão e desenvolvimento de um modelo oposto, baseado numa experiência escolar em Hanôver.

Neill, 'A. S.: Summerhill. Hamburgo 1969.

Livro muito lido mas pouco refletido sobre a prática de uma escola alternativa na Grã-Bretanha. Extremamente estimulante e útil.

Nota da editora: vários dos livros de John O. Stevens e de Frederick S. Perls foram traduzidos para o português e incluídos na coleção "Novas Buscas em Psicoterapia", de nossa edição.

Os autores agradecem *feedback* e sugestões críticas. Além disso estamos interessados em relatos de experiências com a prática gestáltica.

Olaf-Axel Burow

Heylstr. 32

1000 Berlin 62

RFA

Karlhein Scherpp

Hermannstr. 56

1000 Berlin 44

RFA

NOVAS BUSCAS EM EDUCAÇÃO
VOLUMES PUBLICADOS

1 — *Linguagem Total* — Francisco Gutiérrez. A Pedagogia da Linguagem Total convida o professor a manipular todos os instrumentos de comunicação de massa, pois "o aluno que se auto-expressa deixa de ser um receptor passivo e passa a ser um perceptor ativo".

2 — *O Jogo Dramático Infantil* — Peter Slade. Para Slade o jogo dramático é uma parte essencial da vida "pois é nele que a criança aprende a pensar, comprovar, relaxar, trabalhar, lembrar, ousar, experimentar, criar e absorver".

3 — *Problemas da Literatura Infantil* — Cecília Meireles.

4 — *Diário de um Educastrador* — Jules Celma. Relato da experiência vivida por um professor, na França, de 1968 a 1969. Celma propôs uma experiência pedagógica que mostrou as falhas da educação tradicional, quanto à autoridade do professor, disciplina, liberdade de expressão dos alunos etc.

5 — *Comunicação Não-Verbal* — Flora Davis. A comunicação não-verbal vem despertando enorme interesse, como reflexo do momento que vivemos: a necessidade que tantos sentem de restabelecer contato com as próprias emoções, expressas de modo não-verbal.

6 — *Mentiras que Parecem Verdades* — Umberto Eco e Marisa Bonazzi. Um levantamento sobre os livros didáticos, que enchem a cabeça das crianças de toda sorte de preconceitos, anacronismos e conformismos. Imprescindível para os professores refletirem sobre a visão do mundo que estão transmitindo aos seus alunos.

7 — *O Imaginário no Poder* — Jacqueline Held. O livro discute as posições mais recentes sobre a literatura infantil. São citados livros infantis de muitos países, possibilitando ao leitor um panorama muito completo.

8 — *Piaget para Principiantes* — Lauro de Oliveira Lima. 20 artigos e ensaios analisando as grandes linhas da obra do genial educador suíço em torno da criança, seu desenvolvimento, e do adulto.

9 — *Quando Eu Voltar a Ser Criança* — Janusz Korczak. Conhecido educador polonês da primeira metade deste século, Korczak apresenta sua visão do relacionamento entre adultos e crianças, numa narrativa de "ficção psicológica" que suscita reflexões e que leva a conclusões de validade permanente.

10 — *O Sadismo de Nossa Infância* — Org. Fanny Abramovich. Este livro aborda o sadismo sob diferentes prismas, centrado na criança, com problemas, depoimentos e interpretações. Os autores recriam, em depoimentos e textos de ficção, o mundo sádico-infantil, menos imaginário do que se pensa.

11 — *Gramática da Fantasia* — Gianni Rodari. O autor propõe recursos destinados a ampliar a criatividade infantil, interligando-a com a experiência da criança no âmbito escolar e no âmbito familiar.

12 — *Educação Artística — luxo ou necessidade* — Louis Porcher. Livro básico para os cursos de Educação Artística. Apresenta um painel das atividades expressivas — música, teatro, poesia, desenho, dança, audiovisuais — numa linguagem fácil e despretensiosa.

13 — *O Estranho Mundo que se Mostra às Crianças* — Fanny Abramovich. Qual é o mundo que os autores — de literatura, de teatro, de música, e assim por diante, chegando até os brinquedos — apresentam às crianças de nossos dias? Uma análise realista e construtiva da questão.

14 — *Os Teledependentes* — M. Alfonso Erausquin, Luiz Matilla e Miguel Vásquez. Uma análise lúcida da problemática da TV, sobretudo sob o prisma da educação infantil, em todos os seus aspectos: telefilmes, séries, anúncios, programas ao vivo etc.

15 — *Dança, Experiência de Vida* — Maria Fux. Um grande nome da dança contemporânea expõe sua experiência de mais de 30 anos, como coreógrafa e bailarina e, sobretudo, como educadora. O livro mostra como nos expressar através do corpo, como meio de comunicação a serviço da educação.

16 — *O Mito da Infância Feliz* — Org. Fanny Abramovich. Uma reflexão sobre o mito da ''infância feliz'', feita por educadores, escritores, jornalistas, dramaturgos e outros. São contos, relatos e ensaios sobre o tema.

17 — *Reflexões: A Criança — O Brinquedo — A Educação* — Walter Benjamim. Ensaios de um dos mais importantes pensadores de nosso século sobre a vida estudantil, os brinquedos, os livros infantis e outros temas.

18 — *A Construção do Homem Segundo Piaget — Uma teoria da Educação* — Lauro de Oliveira Lima. Um guia para os já iniciados em Piaget, e para aqueles com pouco contato com seu pensamento. Em 50 pequenos textos, são comentados os pressupostos da visão de Piaget.

19 — *A Música e a Criança* — Walter Howard. Livro destinado a todos os educadores, no sentido mais amplo da palavra. Relaciona a música com a leitura, a ginástica, a percepção das cores, a arquitetura e outros campos.

20 — *Gestaltpedagogia* — Olaf-Axel Burow e Karlheinz Scherpp. O primeiro livro a mostrar a contribuição que a Gestalt pode trazer à pedagogia. Ajuda o pedagogo a entender a Gestalt e aplicá-la em seu trabalho.

21 — *A Deseducação Sexual* — Marcello Bernardi. Uma crítica contundente da educação sexual, tal como hoje existe e é praticada. Uma denúncia das falsas colocações em torno da sexualidade infantil, do educador e do binômio prazer-amor.

22 — *Quem Educa Quem?* — Fanny Abramovich. O que significa ter um diploma? Como se situa, hoje, a educação artística? A autora procura responder a estas indagações com base na realidade da educação brasileira.

23 — *A Afetividade do Educador* — Max Marchand. A educação exige uma das formas mais elevadas de doação de si mesmo a uma outra pessoa. Este despojamento permite uma formação autêntica do homem na criança: eis o tema deste livro exato e sugestivo.

24 — *Ritos de Passagem de nossa Infância e Adolescência* — Org. Fanny Abramovich. Escritores, professores, jornalistas, músicos, dramaturgos, sob a forma de ficção ou depoimento, discutem a iniciação ou ruptura feita em situações vitais: a sexualidade, o amor, a religião, a morte.

25 — *A Redenção do Robô* — Herbert Read. A fundamentação filosófica da educação artística, solidamente apoiada em grandes pensadores.

26 — *O Professor que não Ensina* — Guido de Almeida. Uma análise do conteúdo temático de redações de professores e de especialistas em educação. É um levantamento bem-humorado da ideologia educacional brasileira.

27 — *Educação de Adultos em Cuba* — Raúl Ferrer Pérez. O livro descreve o processo de erradicação do analfabetismo em Cuba, com sua teoria e prática.

28 — *O Direito da Criança ao Respeito* — Dalmo de Abreu Dallari e Janusz Korczak. Dois mestres, duas visões, confluindo para um objetivo comum: uma lúcida, humana e intensa manifestação sobre os direitos da criança, sobretudo ao respeito.

29 — *O Jogo e a Criança* — Jean Chateau. Neste livro, o autor nos mostra as relações entre o jogo e a natureza infantil e até que ponto o despertar do comportamento lúdico está ligado ao da personalidade.

30 — *Expressão Corporal na Pré-Escola* — Patrícia Stokoe e Ruth Harf. Definir a expressão corporal, situá-la no contexto da educação sistematizada, destacar sua importância para a atividade específica da pré-escola são os objetivos desse livro.

31 — *Estudos de Psicopedagogia Musical* — Violeta Hemsy de Gainza. Este livro nos faz refletir e conhecer o alcance da pedagogia musical abrindo um campo não restrito aos conservatórios ou à leitura de partituras ou apenas à criação de barulhos.

32 — *O Desenvolvimento do Raciocínio na Era da Eletrônica — Os Efeitos da TV, Computadores e "Videogames"* — Patrícia Marks Greenfield. Este livro estabelece paralelos entre a linguagem escrita, o rádio, a TV, os *videogames* e o computador e suas influências no desenvolvimento da criança.

33 — *A Educação pela Dança* — Paulina Ossona. A autora analisa a importância da dança, com um enfoque metodológico claro e orienta professores na busca de novos valores.

34 — *Educação como Práxis Política* — Francisco Gutiérrez. Uma análise política, sistemática e globalizante da educação, combinando escola e vida.

35 — *A Violência na Escola* — Claire Colombier e outros. Depoimentos e análises, sobre um problema que inquieta cada vez mais os educadores e os próprios pais e alunos.

36 — *Linguagem do Silêncio — Expressão Corporal* — Claude Pujade-Renaud. Um texto aberto, não tecnicista, fazendo refletir sobre o espaço educacional do corpo. Descreve exercícios, transcreve depoimentos, posicionando a expressão corporal no todo da educação.

37 — *O Professor não Duvida! Duvida!* — Fanny Abramovich. Um estudo bem-humorado e muito realista das mudanças consentidas e das mudanças conquistadas no Brasil, com indagações e propostas sobre o novo, difícil de se atingir, e o velho, difícil de se afastar.

38 — *Confinamento Cultural, Infância e Leitura* — Edmir Perrotti. A formação de leitores no Brasil é tratada aqui como algo que vai muito além das políticas pragmáticas e salvacionistas e passa pela análise da estrutura familiar e do processo urbano.

39 — *A Filosofia Vai à Escola* — Matthew Lipman. O ensino da filosofia nas escolas de 1º e 2º graus é aqui defendido como uma forma de oferecer às crianças e aos jovens a oportunidade de discutir conceitos universais e desenvolver um espírito crítico.

40 — *De Corpo e Alma — o discurso da motricidade* — João Batista Freire — Um livro de filosofia da educação, preocupado com o processo de crescimento do indivíduo em sua íntegra — do coração ao fígado. Um questionamento profundo do universo escolar, dos caminhos do aprendizado, buscando criar um aluno diferenciado que não viva à procura de modelos preestabelecidos.

41 — *A Causa dos Alunos* — Marguerite Gentzbittel. Um novo olhar sobre os adolescentes. Percebendo os alunos não só como um cérebro e uma nota no boletim e analisando-os como um corpo, como criaturas realizadas ou não, mentirosas ou solitárias, risonhas ou tristes.

42 — *Confrontos na Sala de Aula — Uma leitura institucional da relação professor-aluno* — Julio Groppa Aquino. Focalizando a relação professor-aluno como núcleo de vínculos pedagógicos, este livro circunscreve a constituição imaginária do cotidiano escolar contemporâneo. Pelos depoimentos de professores e alunos de diferentes níveis, percebem-se pronunciadas exigências de normatização da conduta alheia, bem como diferentes estratégias normativas e de resistência em cada etapa da escolarização.

Leia também

DESCOBRINDO CRIANÇAS
A abordagem gestáltica com crianças e adolescentes
Violet Oaklander

As crianças falam de si mesmas destacando suas posições mediante a experiência do conhecimento. A autora desenvolve um sério estudo sobre o crescimento infantil empregando métodos altamente originais e flexíveis. Um livro importante para todos que trabalham com crianças: professores, orientadores, terapeutas e pais que desejam uma nova visão que lhes permita entender e abordar o mundo infantil numa relação de afeto e respeito. REF. 112

O DRAMA DA CRIANÇA BEM DOTADA
Como os pais podem formar (e deformar) a vida emocional dos filhos
Alice Miller

Todos nós nascemos como crianças bem dotadas, com sensibilidade e possibilidade de uma vida emocional equilibrada. Alice Miller mostra como somos desviados dessa verdadeira natureza humana por um processo educativo alienante e caduco, obrigados a satisfazer exigências explícitas e dissimuladas de nossos pais para nos sentirmos merecedores do seu amor. Nova edição, revista e atualizada em 1997. REF. 275

DE PESSOA A PESSOA
Psicoterapia dialógica
Richard Hycner

Partindo da filosofia do diálogo de Martin Buber, esta obra constitui um avanço no campo da psicoterapia dialógica. Entendendo-se esta psicoterapia como a terapia centrada no encontro entre terapeuta e seu cliente ou família, ela não será utilizada nas mais diversas abordagens: na análise e no *role-playing*, entre outras. Uma concepção que incorpora, ao mesmo tempo, a ênfase no aqui e agora e no desenvolvimento do *self*. REF. 455

ISTO É GESTALT
John O. Stevens (org)

Este livro é uma coletânea de artigos elaborada oito anos após o início da explosão da Gestalt-terapia, ocorrida na Califórnia entre 1966 e 1968. Naquela época, Frederick Perls, o iniciador da Gestalt-terapia, trabalhava intensamente em contato com grande número de terapeutas que vinham de todas as partes dos Estados Unidos para assistir a seus seminários e *workshops* no Esalen Institute. O livro contém artigos do próprio Perls e de outros nomes expressivos como Wilson Van Dusen, Stephen A. Tobin, John B. Enright, Barry Stevens, Robert K. Hall, Stella Resnick, Marc Joslyn, além de John O. Stevens, que organizou a coletânea nos Estados Unidos. REF. 023

TORNAR-SE PRESENTE
Experimentos de crescimento em Gestalt-terapia
John O. Stevens

A tomada de consciência, ou seja, tornar presente para nós mesmos o que se faz presente à nossa volta, é uma das condições fundamentais do processo terapêutico. Aqui são apresentados mais de uma centena de experimentos, baseados em Gestalt-terapia, e originalmente criados como parte da formação clínica de estudantes de psicologia. Estes experimentos abrangem a personalidade em contato consigo mesma, com os outros, com o meio ambiente e com a corporeidade. REF. 099

IMPRESSO NA

GRÁFICA sumago

sumago gráfica editorial ltda
rua itauna, 789   vila maria
02111-031   são paulo   sp
telefax 11 **6955 5636**
sumago@terra.com.br

- - - - - - - - - - - - dobre aqui - - - - - - - - - - - - - -

ISR 40-2146/83
UPAC CENTRAL
DR/São Paulo

CARTA RESPOSTA
NÃO É NECESSÁRIO SELAR

O selo será pago por

summus editorial

05999-999 São Paulo-SP

- - - - - - - - - - - dobre aqui - - - - - - - - - - - - - -

summus editorial
CADASTRO PARA MALA DIRETA

Recorte ou reproduza esta ficha de cadastro, envie completamente preenchida por correio ou fax, e receba informações atualizadas sobre nossos livros.

Nome: _____ Empresa: _____
Endereço: ☐ Res. ☐ Coml. _____ Bairro: _____
CEP: _____ - _____ Cidade: _____ Estado: _____ Tel.:( ) _____
Fax:( ) _____ E-mail: _____
Profissão: _____ Professor? ☐ Sim ☐ Não Disciplina: _____ Data de nascimento: _____

1. Você compra livros:
☐ Livrarias ☐ Feiras
☐ Telefone ☐ Correios
☐ Internet ☐ Outros. Especificar: _____

2. Onde você comprou este livro? _____

3. Você busca informações para adquirir livros:
☐ Jornais ☐ Amigos
☐ Revistas ☐ Internet
☐ Professores ☐ Outros. Especificar: _____

4. Áreas de interesse:
☐ Educação ☐ Administração, RH
☐ Psicologia ☐ Comunicação
☐ Corpo, Movimento, Saúde ☐ Literatura, Poesia, Ensaios
☐ Comportamento ☐ Viagens, Hobby, Lazer
☐ PNL (Programação Neurolingüística)

5. Nestas áreas, alguma sugestão para novos títulos? _____

6. Gostaria de receber o catálogo da editora? ☐ Sim ☐ Não
7. Gostaria de receber o Informativo Summus? ☐ Sim ☐ Não

Indique um amigo que gostaria de receber a nossa mala direta

Nome: _____ Empresa: _____
Endereço: ☐ Res. ☐ Coml. _____ Bairro: _____
CEP: _____ - _____ Cidade: _____ Estado: _____ Tel.:( ) _____
Fax:( ) _____ E-mail: _____
Profissão: _____ Professor? ☐ Sim ☐ Não Disciplina: _____ Data de nascimento: _____

summus editorial
Rua Itapicuru, 613 – cj. 72   05006-000   São Paulo - SP   Brasil   Tel.: (11) 3872 3322   Fax: (11) 3872 7476
Internet: http://www.summus.com.br   e-mail: summus@summus.com.br